U0071503

三昧禪法經典系列③

觀佛三昧海經典

三昧禪法經典的出版因緣

三昧禪法經典的出版，是我們整理弘揚佛法禪觀修行的重要一步，希望這些經典的整理，能夠幫助修行大眾在禪觀修證上有所增益。

佛教的禪法，無比深妙廣大。從原始佛教中，以對治與解脫為中心的禪觀，到大乘佛教中，以大悲與如幻為見地，所開展出無邊廣大的菩薩三昧，都是能令人超越生死煩惱的障礙，而達到廣大自在境界的殊勝法門。這些禪觀也能令我們了悟身心法界的無邊奧密，值得人人以無盡的生命來從事無邊禪觀的修證體悟。

佛教的修證體悟，不是散心妄念的思惟分別，諸佛菩薩也沒有建立一套龐大精妙思想的興趣。佛法看似廣大無際的思想體系，不是向壁虛構的分別推論所成，實際上只是解釋身心法界真相的體悟內容。因此，佛法的悟境，絕對是在身心統一和諧的境界中產生，所以世智聰明或極度思辯推理，可能產生龐大的精思學問，卻不可能在佛法中開悟解脫。依此而言，禪法定力雖然不是佛法開悟的內容，卻是開悟解脫的根本。

另外，大乘菩薩的三昧禪法更是依據菩薩對空、無常、無我的體悟，不住於涅槃解脫，而以大悲心發起菩提願，以菩薩三昧禪法產生永不間斷的廣大力量，永不退轉地如幻救度衆生。所以，就佛法的立場而言，禪法是每一個人改變身心性命、煩惱習氣所必備的工具。

在佛陀時代，禪法是大家共同的必修科，習禪是每一個佛教徒的常課，我們十分懷念那樣的殊勝因緣，希望在這一個時代中重現。本套三昧禪法經典，共輯成十冊，為了使大家能迅速的掌握經典的內義，此套經典全部採用新式分段、標點，使讀者能夠迅速的體悟三昧禪法的要義。

這一套三昧禪法經典，涵蓋了最基本的安般（數息）、不淨、慈心、因緣、念佛等五停心觀，乃至無邊廣大的菩薩三昧；這十冊的內容是：

一、念佛三昧經典

二、般舟三昧經典
三、觀佛三昧海經典
四、如幻三昧經典
五、月燈三昧經典
六、寶如來三昧經典
七、如來智印三昧經典
八、法華三昧經典
九、坐禪三昧經典
十、修行道地經典

現在供養給大家，希望大家能夠依此而使身心離惱、解脫自在，甚至證入無邊廣大的菩薩三昧，具足大功德、大威力；並祈望大家廣為推行，使如來的教法能大弘於人間，一切眾生歡喜自在、一切願滿，乃至圓滿成佛。

南無　本師釋迦牟尼佛

凡例

一、關於本系列經典的選取，以能彰顯佛法中三昧禪法的修習與功德力用為主，以及包含各同經異譯本，期使讀者能迅速了解修習三昧禪法的重要見地及善巧方便。

二、本系列經典選取之經文，以卷為單位。

三、本系列經典係以日本《大正新修大藏經》（以下簡稱《大正藏》）為底本，而以宋版《磧砂大藏經》（新文豐出版社所出版的影印本，以下簡稱《磧砂藏》）為校勘本，並輔以明版《嘉興正續大藏經》與《大正藏》本身所作之校勘，作為本系列經典之校勘依據。

四、《大正藏》有字誤或文意不順者，本系列經典校勘後，以下列符號表示之：

㈠改正單字者，在改正字的右上方，以「*」符號表示之。如《大方等大集經菩薩念佛三昧分》卷四〈歎佛妙音勝辯品第五之一〉之中：

無名相法以名相說，「共」義亦爾《大正藏》

無名相法以名相說，「其」義亦爾《磧砂藏》

校勘改作為：

無名相法以名相說，*其義亦爾

(二)改正二字以上者，在改正之最初字的右上方，以「*」符號表示之，並在改正之最末字的右下方，以「☆」符號表示之。

如《佛說如幻三昧經》卷上之中：

離欲「恍惚」寂無所有，歸於澹泊悉無所生《大正藏》

離欲「煩惱」寂無所有，歸於澹泊悉無所生《磧砂藏》

校勘改作為：

離欲*煩惱☆寂無所有，歸於澹泊悉無所生

五、《大正藏》中有增衍者，本系列經典校勘刪除後，以「①」符號表示之，其中圓圈內之數目，代表刪除之字數。

如《佛說如幻三昧經》卷下之中：

尋便滅「除，除不與合」《大正藏》

尋便滅「除，不與合會」《磧砂藏》

校勘改作為：

尋便滅除，①不與合⊙會

六、《大正藏》中有脫落者，本系列經典校勘後，以下列符號表示之：

㈠脫落補入單字者，在補入字的右上方，以「⊙」符號表示之。

如《大寶積經》卷一百三〈善住意天子會〉之〈文殊神變品第三〉中：

文殊師利後「善住發」《大正藏》

文殊師利後「善住意發」《磧砂藏》

校勘改作為：

文殊師利後善住⊙意發

㈡脫落補入二字以上者，在補入之最初字的右上方，以「⊙」符號表示之，並在補入之最末字的右下方，以「☆」符號表示之。

如《觀佛三昧海經》卷六〈觀四威儀品第六之一〉之中：

阿難在右，「羅睺佛後」《大正藏》

阿難在右，「羅睺羅在佛後」《磧砂藏》

校勘改作為：

阿難在右，羅睺⊙羅在☆佛後

七、本系列經典依校勘之原則，而無法以前面之各種校勘符號表示清楚者，則以「㊟」表示之，並在經文之後作說明。

八、《大正藏》中，凡不影響經義之正俗字（如：恆、恒）、通用字（如：蓮「華」、蓮「花」）、譯音字（如：目「犍」連、目「乾」連）等彼此不一者，本系列經典均不作改動或校勘。

九、《大正藏》中，凡現代不慣用的古字，本系列經典則以教育部所頒行的常用字取代之（如：讃→讚），而不再詳以對照表說明。

十、凡《大正藏》經文內本有的小字夾註者，本系列經典均以小字雙行表示之。

十一、凡《大正藏》經文內之咒語，其斷句以空格來表示。若原文上有斷句序號而未空格時，則本系列經典均於序號之下，加空一格；但若作校勘而有增補空格或刪除原文之空格時，則仍以「◎」、「①」符號校勘之。又原文若無序號亦未斷句者，則維持原樣。

十二、本系列經典之經文，採用中明字體，而其中之偈頌、咒語等，皆採用正楷字體。另若有序文、跋或作註釋說明時，則採用仿宋字體。

十三、本系列經典所作之標點、分段及校勘等，以儘量順於經義為原則，來方便讀者之閱讀。

觀佛三昧海經典序

《觀佛三昧海經》梵名為Buddha-dhyāna-samādhisāgara-sūtra，共有十卷，為東晉佛陀跋陀羅所譯。略稱為《觀佛三昧經》、《觀佛經》，詳稱《佛說觀佛三昧海經》。

本經係佛陀在迦毘羅城尼拘樓陀林，為其父及姨母開示觀佛三昧法門之經典。全經凡有十二品，即：〈六譬喻品〉、〈序觀地品〉、〈觀相品〉、〈觀佛心品〉、〈觀四無量心品〉、〈觀四威儀品〉、〈觀馬王藏品〉、〈本行品〉、〈觀像品〉、〈念七佛品〉、〈念十方佛品〉、〈觀佛密行品〉。

本經亦屬於念佛三昧的法門，而其念佛法門主要是以觀像為根本，所以先入佛塔觀察佛陀的三十二相，觀佛的色相與心，觀佛的四威儀等，然後證得念佛三昧。本經的主要內容為：

〈六譬喻品〉佛陀住尼拘樓陀精舍，父王閱頭檀及姨母憍曇彌欲來見佛，佛令徧集比丘、菩薩及天龍八部等衆。父王為後世衆生，請問如何觀佛身色相好光明？佛入徧淨色身三昧，微笑放光說：師子在胎喻，栴檀生伊蘭林中喻，金翅鳥王心喻，多勒果喻，波利質多羅樹喻，阿修羅幻力喻；這些都是比喻念佛三昧的境界。

〈序觀地品〉說明衆生樂觀佛相，各有不同，或順或逆等等。

〈觀相品〉一明觀如來頂，二明如來髮，三明觀髮際，四明觀白毫相，從初生乃至成佛，敘事最詳。五明觀額廣平正，六明觀眉，七明觀眼睫，八明觀耳，九明觀方頰車，十明觀師子欠，十一觀鼻，十二觀髭，十三觀脣，十四觀廣長舌，十五觀頸相、缺瓫骨滿相、胸臆卍字印相。十六悉現具足身相，大衆所見，各各不同：其見如灰、如墨等者，是由於往昔惡業所示；應當殷重懺悔，乃見好相。十七明觀放常光，十八明觀眉間光明，十九復明額廣平正、面上三輪、髮際等相。二十復觀鼻出光明，二十一復觀面門光明，廿二復觀耳出五光，廿三復觀頸出二光，廿四復觀缺骨滿相光明，廿五復觀胸卍字相，腋下摩尼珠，皆放光明。廿六觀寶臂、指縵、掌輪各放光明。廿七觀臍相，光照十方。廿八、因父王請，現心內境。

〈觀佛心品〉具明大慈悲心，專緣地獄等罪苦眾生。並廣敘地獄苦事。

〈觀四無量心品〉使大眾見佛心中有無數佛，乘大寶船，往來五道，救苦眾生。大慈、大悲、大喜、大捨。

〈觀四威儀品〉觀察佛陀的行、住、坐、臥，於中具明度老婢事，上忉利天為母說法事，伏曠野鬼事，降毒龍事，降力士事。

〈觀馬王藏品〉明宮中為諸女所現相，舍衛國度淫女所現相，波羅奈國度淫女所現相，伽耶城為尼犍所現相。

〈本行品〉先明念佛三昧能滅大罪。接著文殊菩薩、十方十佛、四方四佛、財首菩薩、釋迦如來、阿難尊者等，各言本修念佛三昧。

〈觀像品〉彌勒為末世眾生請問，佛為廣說觀像除罪方法。

〈念七佛品〉、〈念十方佛品〉宣說憶念過去七佛與十方佛的三昧境界。〈觀佛密行品〉言得三昧者，應當密守身口意，莫起邪命，莫生貢高。又說種種譬喻，以喻念佛三昧，結名受持。阿難復問無見頂相，佛入頂三昧海，現大勝相，衆倍獲益。

本經的旨趣，可由經末所述窺知。其文云：「爾時，尊者阿難即從座起，頂禮佛足，白佛言：『世尊！當何名此經？此法之要當云何持？』佛告阿難：『此經名繫想不動，如是受持；亦名觀佛白毫相，如是受持；亦名逆順觀如來身分，亦名一一毛孔分別如來身分，亦名觀三十二相、八十隨形好諸智慧光明，亦名觀佛三昧海，亦名念佛三昧門，亦名諸佛妙華莊嚴色身，亦名說戒、定、慧、解脫、解脫知見、十力、四無所畏、十八不共法果報所得微妙色身經，汝好受持慎勿忘失。』」

我們依此現觀了悟佛陀的廣大三昧大海，憶念佛陀永不忘失，佛陀亦當無間的憶念我們吧！

目錄

佛說觀佛三昧海經

佛說觀佛三昧海經卷第一

東晉天竺三藏佛陀跋陀羅譯

六譬品第一

如是我聞：一時，佛住迦毘羅城尼拘樓陀精舍。爾時，釋摩男請佛及僧供養三月，七月十五日僧自恣竟。

爾時，父王閱頭檀、佛夷母憍曇彌來詣僧房，供養衆僧。禮拜既畢，奉上楊枝及澡豆已，呼阿難言：「吾今欲往至世尊所，為可爾不？」

爾時，阿難即宣此言以白世尊。

佛告阿難：「父王來者，必問妙法。汝行遍告諸比丘僧，及往林中命摩訶迦葉、舍利弗、目揵連、迦栴延、阿那律等，彌勒菩薩、跋陀婆羅十六賢士，一時來會。」如此音聲遍至諸方。

爾時，天主、夜叉主、乾闥婆主、阿修羅主、迦樓羅主、緊那羅主、摩睺羅伽主、龍主等及諸眷屬，皆悉已集。

爾時，父王及釋摩男、三億諸釋入佛精舍。當入之時，見佛精舍如頗梨山，為佛作禮。未舉頭頃，即見佛前有大蓮華，眾寶所成，於蓮華上有大光臺。父王見已，心生歡喜，歎未曾有，遶佛三匝，却坐一面。

是時，父王即從坐起白佛言：「世尊！佛是吾子，吾是佛父，今我在世見佛色身，但見其外，不覩其內。悉達在宮相師皆見三十二相，今者成佛，光明益顯，過踰昔日百千萬倍。佛涅槃後，後世眾生，當云何觀佛身色相，如佛光明常行尺度？惟願天尊今當為我及後眾生分別解說。」

爾時，世尊入遍淨色身三昧，從三昧起即便微笑。諸佛笑法有五色光，時五色光化五百色，從佛口出照父王頂，從父王頂照光明臺，從光明臺照于精舍，遍娑婆界還入佛頂。

爾時，世尊告父王言：「諦聽！諦聽！善思念之！如來當說來世眾生得見佛法。」

父王白佛：「唯然！世尊！我今願聽。」

佛告父王：「閻浮提中有師子王，名毘摩羅，其師子法，滿四十年牝牡乃會。一交會已，跳踉鳴吼，婉轉自撲，體無損傷。其師子子在胎之時，如父獸王等無有異。大王！當知欲使胎中便能鳴吼、飛落、走伏，未有斯事。」

父王白佛：「獸王之子在母胎時，頭目牙爪與父相似？」

佛告大王：「與父無異，但其力能不及其父百千萬倍。」

佛告父王：「如是！如是！未來世中，諸善男子、善女人等及與一切，若能至心繫念在內，端坐正受，觀佛色身，當知是人心如佛心，與佛無異。雖在煩惱，不為諸惡之所覆蔽，於未來世雨大法雨。

「復次，父王！譬如伊蘭俱與栴檀生末利山，牛頭栴檀生伊蘭叢中，未及長大，在地下時，芽莖枝葉如閻浮提竹筍，衆人不知，言此山中純是伊蘭，無有栴檀。而伊蘭臭，臭若膖屍薰四十由旬，其華紅色甚可愛樂，若有食者發狂而死。牛頭栴檀雖生此林，未成就故，不能發香。仲秋月滿，卒從地出成栴檀樹，衆人皆聞牛頭栴檀上妙之香，永無伊蘭臭惡之氣。」

佛告父王：「念佛之心，亦復如是。以是心故，能得三種菩提之根。

「復次，父王！閻浮提中及四天下，有金翅鳥，名正音迦樓羅王，於諸鳥中快得自在。此鳥業報應食諸龍，於閻浮提日食一龍王及五百小龍。明日復於弗婆提，食一龍王及五百小龍。第三日復於瞿耶尼，食一龍王及五百小龍。第四日復於欝單越，食一龍王及五百小龍。周而復始經八千歲，此鳥爾時死相已現，諸龍吐毒，無由得食。彼鳥飢逼，周慞求食，了不能得，遊巡諸山，永不得安，至金剛山然後暫住。從金剛山直下至大水際，從大水際至風輪際，為風所吹還至金剛山，如是七返然後命終。其命終已，以其毒故，令十寶山同時火起。爾時，難陀龍王懼燒此山，即大降雨澍如車軸，鳥肉散盡，惟有心在，其心直下如前七返，然後還住金剛山頂。難陀龍王取此鳥心以為明珠，轉輪王得為如意珠。」

佛告父王：「諸善男子及善女人，若念佛者，其心亦爾。

「復次，大王！雪山有樹名殃伽陀，其果甚大，其核甚小，推其本末從香山來，以風力故得至雪山。孟冬盛寒，羅刹夜叉在山曲中屏*隈之處，糞穢不淨盈流于地，猛風吹雪以覆其上，漸漸成塹五十由旬。因糞力故，此果得生，根莖枝葉，華實滋茂。春陽三月，八方同時皆悉風起，消融冰雪，唯果樹在。其果形色，閻浮提果無以為譬，其形團圓滿半由旬，婆羅門食即得仙道五通具足，壽命一劫不老不死。凡夫食之向須陀洹。阿那含食成阿羅漢，三明六通*無不悉備。有人持種至閻浮提糞壤之地，然後乃生，高一多羅樹，樹名拘律陀，果名多勒，如五斗瓶。閻浮提人有食之者，能除熱病。」

佛告大王：「諸善男子及善女人，正念思惟諸佛境界，亦復如是。

「復次，大王！如帝釋樹生歡喜園，名波利質多羅，天女見之，身心喜悅，不自勝持；帝釋見之即生欲想，八萬四千諸婇女等即得樂覺。此樹生時曲枝在地，即於地下華敷成果，其果金色光明赫奕，且其華葉終不萎落，十色具足，開現光明。有諸樂音，至秋八月從地踊出，高三百四十五萬由旬，諸天見之，喜悅非恒。」

佛告大王：「觀佛三昧在煩惱地，亦復如是，其出生時，如彼寶樹嚴顯可觀。

「復次，大王！如劫初時，火起一劫，雨起一劫，風起一劫，地起一劫。地劫成時，光音諸天飛行世間，在水澡浴。以澡浴故，四大精氣即入身中。身觸樂故，精流水中，八風吹去，墮淤泥中，自然成卵。經八千歲，其卵乃開，生一女人。其形青黑猶如淤泥，有九百九十九頭，頭有千眼，九百九十九口，一口四牙，牙上出火狀如霹靂，二十四手，手中皆捉一切武器，其身高大如須彌山，入大海中拍水自樂。有旋嵐風吹大海水，水精入體即便懷妊，經八千歲然後生男。其兒身體高大，四倍倍勝於母。兒有九頭，頭有千眼，口中出火，有九百九十九手八腳海中出聲，號毘摩質多羅阿修羅王。此鬼食法，惟噉淤泥及藕根。

「其兒長大，見於諸天婇女圍遶，即白母言：『人皆伉儷，我何獨無？』其母告曰：『香山有神名乾闥婆，其神有女，容姿美妙色踰白玉，身諸毛孔出妙音聲，其適我意今為汝娉，適汝願不？』阿修羅言：『善哉！善哉！願母往求。』

「爾時，其母行詣香山。到香山已，告彼樂神：『我有一子威力自在，於四天下而無等倫，汝有令女，可適吾子。』其女聞已，願樂隨從適阿修羅。

「時阿修羅納彼女已，心意泰然，與女成禮。未久之間，即便懷妊，經八千歲乃生一女。其女儀容端正挺特，天上天下無有其比，色中上色以自莊嚴，面上姿媚八萬四千，左邊亦有八萬四千，右邊亦有八萬四千，前亦八萬四千，後亦八萬四千。阿修羅見以為瓌異，如月處星，甚為奇特。

「憍尸迦聞即遣使，下詣阿修羅而求此女。阿修羅言：『汝天福德，汝能令我乘七寶宮，以女妻汝。』

「帝釋聞此，心生踊躍，即脫寶冠持用擬海。十善報故，令阿修羅坐勝殿上。時阿修羅踊躍歡喜，以女妻之。帝釋即以六種寶臺，而往迎之。於宮闕中有大蓮華，自然化生八萬四千諸妙寶女，譬如壯士屈申臂頃，即至帝釋善法堂上。爾時，天宮過踰於前百千萬倍，釋提桓因為其立字，號曰悅意。諸天見之，歎未曾有，視東忘西，視南忘北；三十二輔臣亦見悅意，身心歡喜，乃至毛髮皆生悅樂。帝釋若至歡喜園時，共諸*婇女入池遊戲。

「爾時，悅意即生嫉妒，遣五夜叉往白父王：『今此帝釋不復見寵，與諸婇女自共遊戲。』父聞此語，心生瞋恚，即興四兵往攻帝釋，立大海水踞須彌⊙山頂，九百九十九手同時俱作，撼喜見城，搖須彌山，四大海水一時波動。

「釋提桓因驚怖惶懼，靡知所趣。時宮有神白天王言：『莫大驚怖！過去佛說般若波羅蜜，王當誦持鬼兵自碎。』是時帝釋坐善法堂。燒衆名香發大誓願：『般若波羅蜜是大明咒，是無上咒。無等等咒，審實不虛。我持此法當成佛道，令阿修羅自然退散。』作是語時，於虛空中有四刀輪，帝釋功德故自然而下，當阿修羅上。時阿修羅耳鼻手足一時盡落，令大海水赤如絳汁。時阿修羅即便驚怖，遁走無處，入藕絲孔。彼以貪欲、瞋恚、愚痴、鬼幻力故，尚能如是，豈況佛法不可思議！」

佛告大王：「諸善男子及善女人，繫心思惟諸佛境界，亦能安住諸三昧海，其人功德不可稱計，譬如諸佛等無有異。

序觀地品第二

「云何名為觀諸佛境界？諸佛如來出現於世，有二種法以自莊嚴。何等為二？一者、先說十二部經，令諸衆生讀誦通利，如是種種名為法施。二者、以妙色身，示閻浮提及十方界，令諸衆生見佛色身具足莊嚴，三十二相、八十種隨形好無缺減相，心生歡喜。觀如是相因何而得，皆由前世百千苦行，修諸波羅蜜及助道法而生此相。」

佛告父王：「若有衆生欲念佛者，欲觀佛者，欲見佛者，分別相好者，識佛光明者，知佛身內者，學觀佛心者，學觀佛頂者，學觀佛足下千輻相輪者，欲知佛生時相者，欲知佛納妃時者，欲知佛出家時者，欲知佛苦行時者，欲知佛降魔時者，欲知佛得阿耨多羅三藐三菩提時者，欲知如來轉法輪時相者，欲知如來寶馬藏相者，欲知如來下忉利天時相者，欲知如來昇忉利天為母摩耶夫人說法時相者，欲知如來行住坐臥四威儀中光明相者，欲知如來詣拘尸那降度力士相者，欲知如來伏曠野鬼神毛孔光明相者。」

佛告父王：「佛涅槃後，若四部眾及諸天龍夜叉等，欲繫念者，欲思惟者，欲行禪者，欲得三昧正受者。」

佛告父王：「云何名繫念？自有眾生樂觀如來具足身相。自有眾生樂觀如來諸相好中一一相好者。自有眾生樂觀如來隨順相好。自有眾生樂觀如來逆相好者。自有眾生樂觀如來光明者。自有眾生樂觀如來行者。自有眾生樂觀如來住者。自有眾生樂觀如來坐者。自有眾生樂觀如來臥者。自有眾生樂觀如來乞食者。自有眾生樂觀如來初生者。自有眾生樂觀如來納妃時者。自有眾生樂觀如來出家時者。自有眾生樂觀如來苦行時者。自有眾生樂觀如來降魔時者。自有眾生樂觀如來成佛時者。自有眾生樂觀如來轉法輪時者。自有眾生樂觀如來昇忉利天為母說法時者。自有眾生樂觀如來降伏曠野鬼神者。自有眾生樂觀如來於那乾訶羅降伏諸龍留影時者。自有衆生樂觀如來在拘尸那城，降伏六師尼提賤人及諸惡律儀殷重邪見人者。

「如是，父王！我涅槃後，諸衆生等業行若干、意想若干，所識不同，隨彼衆生心想所見，應當次第教其繫念，如我住世不須繫念。譬如日出，冥者皆明，惟無目者而無所覩。未來世中諸弟子等應修三法。何等為三？一者、誦修多羅甚深經典，二者、淨持禁戒威儀無犯，三者、繫念思惟心不散亂。

「云何名繫念？或有欲繫心觀於佛頂上者。或有欲繫心觀佛毛髮者。或有欲繫心觀佛髮際者。或有欲繫心觀佛額廣平正相者。或有欲繫心觀佛眉間白毫相者。或有欲繫心觀佛眉者。或有欲繫心觀佛牛王眼相者。或有欲繫心觀佛修直鼻相者。或有欲繫心觀佛鷹王嘴相者。

「自有衆生樂觀如來髭鬢如蝌*蚪形流出光明者。自有衆生樂觀如來脣上髆際者。自有衆生樂觀如來脣色赤好如頻婆果者。自有衆生樂觀如來下脣如鉢頭摩華莖者。其色紅赤上入頻婆果色中者。自有衆生樂觀如來口四十齒相者。自有衆生樂觀如來齒白齊密相者。自有眾生樂觀如來齒上印文相者。自有眾生樂觀如來齒畫界者。自有眾生樂觀如來上腭相者，八萬四千畫了了分明。自有眾生樂觀如來下齗如優曇鉢華莖色者。自有眾生樂觀如來咽喉如琉璃筒，狀如累蓮華相者。自有眾生樂觀如來廣長舌相蓮華葉形，上色五畫五彩分明，舌下十脈眾光流出，舌相廣長遍覆其面者。自有眾生樂觀如來咽喉節中有三相者，自有眾生樂觀如來咽*㼜相如金翅鳥眼者。

「自有眾生樂觀如來頭相者。自有眾生樂觀如來八萬四千髮相者。自有眾生樂觀如來毛右旋者。自有眾生樂觀如來一一孔一毛旋生者。自有眾生樂觀如來頭皮者。自有眾生樂觀如來肉髻骨者。自有眾生樂觀如來腦者。自有眾生樂觀如來耳普垂睡者。自有眾生樂觀如來耳輪郭相者。自有眾生樂觀如來耳旋生七毛相者。

「自有眾生樂觀如來缺盆骨滿相，於彼相中旋生光臺者。自有眾生樂觀如來腋下滿相，於其相中懸生五珠，如摩尼珠上跓佛腋者。自有眾生樂觀如來臂膞纖圓如象王鼻者。自有眾生樂觀如來肘骨如龍王髮，婉轉相著，文彩不壞，節頭*

蟠龍，不見其跡，手指參差不失其所，於指節端十二輪現。自有眾生樂觀如來赤銅爪，其爪八色了了分明。自有眾生樂觀如來合曼掌相，張時則見，斂指不見，如真珠網了了分明，勝閻浮檀金百千萬倍，其色明*淨過於眼界，於十指端各生卍字，卍字點間有千輻輪，眾相具足如和合百千蓮華。自有眾生樂觀如來掌文*圓成如自在天宮，其掌平正人天無類，當於掌中生千輻相，於十方面開摩尼光，於其輪下有十種畫，一一畫如自在天眼清白分明，然後入掌相中。

「自有眾生樂觀如來毛背毛上向靡，如紺琉璃，流出五色光入網曼中者。自有眾生樂觀如來手足柔軟如天劫貝。自有眾生樂觀如來手內外握。自有眾生樂觀如來胸德字萬印相，三摩尼光相者。自有眾生樂觀如來臍如毘楞伽寶珠。自有眾生樂觀如來脇助，大小正等婉轉相著。自有眾生樂觀如來諸骨支節，槃龍相結其間密緻者。自有眾生樂觀如來鉤鏁骨卷舒自在不相妨礙。自有眾生樂觀如來骨色鮮白，頗梨雪山不得為譬，上有紅光間錯成文，凝液如脂。自有眾生樂觀如來伊尼鹿王蹲相者。

「自有眾生樂觀如來踝相者。自有眾生樂觀如來足趺平正相者。自有眾生樂觀如來足趺上色，閻浮檀金色，毛上向靡，足指網間如羅文彩，於其文間眾彩玄黃，不可具名。自有眾生樂觀如來赤銅爪相，於其爪端有五師子口。自有眾生樂觀如來腳指端蠡文相，如毘紐羯磨天所畫之印。自有眾生樂觀如來足下平滿不容一毛，足下千輻輪相，轂輞具足魚鱗相次，金剛杵相者，足跟亦有梵王頂相，眾蠡不異。如是名樂順觀者。

「自有眾生樂逆觀者，從足下千輻輪相，從下觀至足指上，一一相、一一好、一一色，從下至上，了了逆觀，是名逆觀法。自有眾生樂觀如來金色，佛生閻浮提故作⊙金色中上色，如百千日耀紫金山，不可得具見。自有眾生樂觀如來巨身丈六者，自有眾生樂觀如來圓光一尋者，自有眾生樂觀如來舉身光明者，自有眾生樂觀如來說法時瑞應相者，自有眾生樂觀如來臍上向相下向相者。」

觀相品第三之一

佛告父王：「云何名觀如來頂？如來頂骨團圓猶如合捲。其色正白，若見薄皮則為紅色，或見厚皮則金剛色，髮際金色。腦顛梨色，有十四脈，眾畫具足亦十四光，其光如脈分明了了，於腦脈中旋生，諸光上衝頭骨，從頭骨出乃至髮際。有十四色圍遶眾髮，髮下金色亦生眾光，入十四色中，是名如來生王宮中頂腦肉髻。惟其頂上五大梵相生時，摩耶及佛姨母皆悉不見。其五梵相開現光明至於梵世，復過上方無量世界，化成宮臺，諸佛境界，十地菩薩之所不見。今為父王說生頂相，若有聞者，應當思惟佛勝頂相，其相光明，如三千界大地微塵，不可具說。後世眾生若聞是語，思是相者心無悔恨，如見世尊頂勝相光，閉目得見，以心想力了了分明如佛在世。雖觀是相不得眾多，從一事起復想一事，想一事已復想一事，逆順反覆，經十六反。如是心*想極令明利，然後住心繫念一處，如是漸漸舉舌向腭令舌*正住，經二七日，然後身心可得安隱。復當繫心還觀佛頂，觀佛頂法*光隨毛孔入。」

佛告父王，及敕阿難：「諦聽！諦聽！善思念之。如來今者頭上有八萬四千毛，皆兩向靡右旋而生，分齊分明，四*觚分明，一一毛孔旋生五光，入前十四色光中。昔我在宮，乳母為我沐頭，時大愛道來至我所：『悉達生時多諸奇特，人若問我汝子之髮為長幾許，我云何答？今當量髮知其尺度。』即勅我申髮，母以尺量，長一丈二尺五寸，放已右旋還成蠡文。欲納妃時復更沐頭，母復勅言：『前者量髮，正長一丈二尺五寸，今當更量。』即申量之，長一丈三尺五寸。我出家時天神捧去，亦長丈三尺五寸。今者父王，欲看髮相不？」

父王白言：「唯然！天尊！樂見佛髮。」

如來即以手申其髮，從尼拘樓陀精舍至父王宮，如紺琉璃遶城七匝，於佛髮中大衆皆見若干色光，不可具說。是一一光普照一切，作紺琉璃色，於琉璃色中有諸化佛不可稱數。現是相已，斂髮卷光，右旋婉轉，還住佛頂，即成蠡文，是名如來真實髮相。

「若有比丘及比丘尼、諸優婆塞、優婆夷等，欲觀佛髮，當作是觀，不得他觀。若他觀者，名為邪觀，名為狂亂，名為失心，名為邪見，名顛倒心，設得定者無有是處。如是，父王！佛真髮相事實如此。觀髮相已，次觀髮際，如赤真珠色，婉轉下垂。有五千光間錯分明，皆上向靡圍遶諸髮，從頂上出遶頂五匝，如天畫師所作畫法，團圓正等細如一絲。於其絲間生諸化佛，有化菩薩以為眷屬，諸天八部一切色象亦於中現，色如日輪不可具見，是名觀佛髮際。如此觀者，名為正觀；若異觀者，名為邪觀。」

佛告父王：「此名如來髮際實觀。云何觀如來額廣平正相？額廣平正相中有三相。一者、所謂白毛相。佛初生時，王與夫人將太子詣阿私陀仙，令相太子。仙人披氎，初見太子眉間白毛旋生，於白毛邊有諸輪郭，隨白毛旋。相師舒毛，見毛長大，即取尺度量其長短，足滿五尺如琉璃筒。放已右旋如頗梨珠，顯現無量百千色光，是名菩薩初生時白毫相光。至年八歲，姨母復觀悉達年大，其眉間毛亦隨年長，今試看之。即舒白毛，見毛正直如白琉璃筒，於其毛端出五色光明還入毛孔，母甚憐念，情無已已，告語諸人：『我子毛相乃至如此。』諸人見已，如前右旋甚可愛念，是名菩薩童子時白毫毛相。

「云何名菩薩納妃時白毫毛相？耶輸陀羅父自遣相師來相太子，見三十二相炳然如畫，惟於白*毫其心不了。相師即言：『地天太子，其餘衆相同金輪王，唯此白毛流出衆光非我所明。今欲舒看為可爾不？』太子告言：『隨汝所欲。』爾時，相師以手申毛，其毛流出如牛王乳射相師眼，其眼明淨，即於毛中見百千轉輪聖王七寶千子皆悉具足。相師驚愕白言：「地天太子！我申白毛欲觀長短，不知何意，如牛王乳來射我眼，為是實見？為是夢見？為是狂亂？今者悉忘！太子相好一切都盡，惟見百千轉輪聖王七寶千子，及四種兵從四面起，我心歡喜，如婆羅門得梵世樂。』語已放毛，右旋婉轉還復本處。爾時，相師名牢度跋多，見此事已，五體投地禮於太子：『太子衆相不可具見，如我相法，見一相者王四天下快得自在。今太子相如摩醯首羅，自在神力不可記錄，當云何知？』太子告言：『吾不達此，汝自歸家往白汝王。』

「爾時，相師即還本國，以如上事具向王說。王聞是語，駕乘名象，導從百千詣迦毘羅城。到淨飯王宮，以水澡太子手，持女上之，因為作禮：『地天太子！願受我女，可備灑掃。相師所見上妙毛相，我今欲見，為可爾不？』太子告言：『隨意看之。』爾時，耶輸陀羅父以手申太子白毛，見其白毛如頗梨*幢，節節相當，於衆節間，見有無量百千梵王、釋提桓因、諸勝天子與宮殿俱，了了而見，如於明鏡自觀面像。見已歡喜，尋復放捨，如前右旋還住眉間，光明赫弈四面布散，入輪郭中不可悉說。是名菩薩納妃時白毫相。」

佛告父王：「佛涅槃後，四部之衆其欲觀菩薩為童子時，及納妃時白毫相者，當作是觀。如此觀者，是名正觀；若異觀者，是名邪觀。」

佛告父王：「云何名如來出家時白毫相？我欲出家時，父王及母遣諸婇女，常以衞護，門施關鍵，開闔有聲如師子吼。於窗牖間密懸諸鈴，金鎖相鉤，龍鬼夜叉無從得入。爾時，四天王於虛空中遙發聲言：『地天太子！日時已至，宜當學道！我今欲往供養太子，恐殿有聲無緣得入。』爾時，太子以手申毛至四天王所，色如天繒柔軟可愛。時四天王見，心甚愛敬。以愛敬故，即於毛中見化菩薩，結加趺坐形如太子，一一菩薩復有無量諸大菩薩，共為眷屬。此相現時，無量諸天龍夜叉等，俱時得入。勅語車匿：『汝往後厩被揵陟來。』車匿白言：『今此地中若舉足時，此地振吼如大象聲，云何得往？』

「爾時，太子復申白毛令車匿見，猶如蓮華葉葉相次其白如雪。車匿見已，心眼即開，於其葉間見化菩薩結加趺坐，猶如微塵不可稱數，是諸化人眉間白毛亦復如是。爾時，車匿見宮中地如頗梨色，表裡堅實猶如金剛，躡足無聲，疾至後厩，被馬金鞍牽至殿前。車匿白太子言：『諸天顒顒，合掌叉手，住在空中，同聲讚歎出家功德，太子宜時速疾乘馬。』爾時，太子復舒白毛持擬諸女，令諸侍女身心悅樂，猶如比丘得第三禪。爾時，此毛婉轉右旋，還入眉間，諸天復見太子眉間有百千光，譬如乳河周流一切，於乳河中有化菩薩，乘化蓮華，皆共讚歎出家功德，一一化菩薩眉間乳河流出光明，亦復如是。」

佛告父王：「是名菩薩出家時白毛相種種瑞應，若佛滅後，諸四部眾欲觀如來出家時白毛相者，當作是觀，若異觀者，是名邪觀。」

佛告父王：「云何名苦行時白毫毛相？如我踰出宮城已，去伽耶城不遠，詣阿輸陀樹。吉安天子等百千天子，皆作是念：『菩薩若於此坐必須坐具，我今應當獻於天草。』即把天草，清淨柔軟，名曰吉祥。菩薩受已，鋪地而坐。是時諸天諦觀菩薩身相可愛，復見白毛圍如三寸，右旋婉轉有百千色，流入諸相。是諸天子觀白毫時，各作是念：『菩薩今者惟受我草，不受汝草。』時白毛中，有萬億菩薩結加趺坐，各取其草坐此樹下，一一天子各見白毫中有如此相。是時吉安天子而讚歎言：『善哉！勝士！修大慈悲，慈悲力故得大人相。於其相中無量變現，能滿諸天一切善願，不生諍訟起菩提心。』

「釋、梵諸天見於菩薩坐此樹下，各獻甘露持用供養。菩薩是時，為欲降伏彼六師故不受彼供。天令左右自生麻米，菩薩不食。諸天皆曰：『此善男子不食多日，氣力惙然，餘命無幾。云何當能成辦菩提？』菩薩是時入滅意三昧，三昧境界，名寂諸根。諸天啼泣淚下如雨，勸請菩薩當起飲食。作是請時，聲遍三千大千世界，菩薩不覺。有一天子名曰悅意，見地生草，穿菩薩肉上生至肘。告諸天曰：『奇哉男子！苦行乃爾！不食多時，喚聲不聞，草生不覺。』即以右手申其白毛，其毛端直，正長一丈四尺五寸，如天白寶中外俱空。天見毛內有百億光，其光微妙不可具宣，於其光中現化菩薩，皆修苦行如此不異，菩薩不小毛亦不大。諸天見已歎未曾有，即放白毛右旋婉轉，與光明俱還復本處。爾時，諸天諦觀白毛目不暫捨，見白毛中下生五筒。從面門入，流注甘露滴滴不絕，從舌根上流入于身，表裡清徹如琉璃山，百千萬億諸大菩薩，於己身內現。諸天見已合掌歡喜：『前言愚癡，言此大人命不云遠。今見是相，必當成佛了了無疑，無上慧日照世不久。』作是語已，遶百千匝，各還宮殿，如此音聲聞六欲天。」

佛告父王：「佛滅度後若四部眾，欲觀如來苦行時白毫相者，當作是觀。如此觀者，是名正觀；若異觀者，名為邪觀。」

佛說觀佛三昧海經卷第一

佛說觀佛三昧海經卷第二

東晉天竺三藏佛陀跋陀羅譯

觀相品第三之二

佛告父王：「云何名菩薩降魔時白毫相光？魔王波旬遙以天眼觀閻浮提，見釋迦子棄國如唾，坐道樹下肌骨枯槁，形體羸*瘦如久病人，唯有金色光明益顯，其眼陷黑如井底星，骨節相跓失蟠龍文。波旬喜曰：『瞿曇體羸，骨如腐草，雖有光色餘命無幾，曼道未成，宜往敗之。』瞋目大怒，勅諸夜叉：『速集軍衆。吾今欲行下閻浮提往征瞿曇。』

「是時魔子名薩多羅，長跪白父：『淨飯王子其生之時，萬神侍御光徹衆天，其人慈悲普覆一切，今為群生坐於道樹，父王云何興惡逆意？』魔即怒曰：『汝幼無知，乃言瞿曇有勝道德。瞿曇身羸如枯骨人，竟何所能而言慈悲！』子復白言：『瞿曇體羸，不食故爾。觀其光色，如金剛山，紫焰流出，恬坐六年，心無傾搖，觀其面貌，曾無畏色。唯願大王且住天宮，不願往攻。』波旬復言：『汝但默然，何須多云！』

「時夜叉主名曰翅陀，即至魔所，頭面著地為魔作禮，白言：『天王何所勅令？』波旬告曰：『汝以我聲遍勅六天，告下鬼王并諸八部，及曠野鬼、十八地獄閻羅王神，一切皆集往瞿曇所。』是時諸鬼，猶如雲起從四面集。或有諸鬼首如牛頭，有四十耳，於其耳中生諸鐵箭，赤焰上起高一由旬，有十八角，角端擎山，山上有龍銜熱鐵丸。復有諸鬼首如狐頭，有十千眼，眼睫長大如霹靂炎，項上有口，口吐熾火，身上諸毛猶如劍樹。復有諸鬼倒住空中，有十二腳，於其足跟有千刀輪，頭如太山，於其頭上五百劍樹，樹頭火起。復有諸鬼婉轉腹行，負鐵圍山穹脊而至。復有諸鬼一頸多頭，口有千舌，於其舌上生棘刺樹，毛鬣上衝毛端雨血，吐刺疾走騰空而至。毘舍闍鬼發大惡聲，氣踊如雲，雨熱鐵丸，倏忽而到。鳩槃*茶鬼蹲踞土埵，現其醜形。富單那鬼其形黑瘦，頭戴大鑊盛熱鐵丸，手執刀輪，左腳踏狗，右腳踏狼，奔走而至。

「諸羅剎王背黑如漆，胸白如月，眼如盛火，頭髮蓬亂如縛刺束，狗牙上出狀如鏘劍，手十指爪利如鋒芒，腳有十爪縱橫如劍，以鐵羂頭疾走而至。曠野鬼神大將軍等，一頸六頭胸有六面，膝頭兩面，舉體生毛狀如箭鏃，奮身射人，張眼焰赤，血出流下，與諸兇類疾走而到。復有諸鬼首如虎頭，有十二眼，鼻如象鼻有十三鼻，左肩擔山右肩負火，手捉利劍腳躡師子，哮吼而至。復有諸鬼其身如雲，霹靂火起如團雲頭，於團雲邊有百千萬龍，不見其身但見吐毒，於十方面一切惡事如雲而集。鬼子母神將其諸子，各執一石，壁方十里，巖崿可畏競馳而至。復有諸鬼捲脊挾尾，以鼻嗅地，鼻出諸火，火焰上化化生諸鬼，擔面而走。

「是時魔王顧視夜叉，告令諸鬼：『今者鬼兵既已雲集，瞿曇善人，或能知呪，當興四兵，以魔王珠化作四兵，象馬車步列仗如林，甚可怖畏，直從空下至道樹邊。』魔復更念：『如此軍衆或不能淹降伏瞿曇。』復脫寶冠持擬地下，其冠光明逕至下方，當閻羅王化人宮上，高聲大呼告勅諸鬼：『汝等獄卒及閻羅王，阿鼻地獄刀輪、劍戟、火車、鑪炭，一切都舉向閻浮提，欲滅瞿曇擲置其中。』阿鼻地獄縱廣正等八萬由旬，七重鐵城，下十八鬲，四面劍林亦十八行，東方復有十八小地獄以為圍遶，南方十八鬲以為圍遶，西方十八鬲以為圍遶，北方十八鬲以為圍遶。地下自然有熾猛火，燒然鐵城鐵網俱熾，一切熱焰周迴還旋，下過十八鬲。若有衆生犯五逆者，身滿其中受如此苦，晝夜不息間無空缺。劫欲盡時四門自開，⊙是諸罪人¹見東門外，一切劍林如清涼林，從下鬲起至第二鬲，第二鬲起至第三鬲，乃至於上走趣東門，羅刹獄卒以熱鐵叉逆刺其眼精，如融銅流出于地，即時躄倒遍滿十八鬲中，其心迷悶滿一小劫。爾乃還起復向南門，如是四方如前無異，晝夜受苦*經一大劫。劫盡更生餘小地獄，其餘衆獄形狀大小、受報輕重、形類好醜、一切雜報，慈三昧中當復廣說。

「時諸獄卒，城東八千，三方亦爾。一一獄卒頭髮如山，生刀輪劍戟，耳如驢耳有百千種，一一耳中烟焰俱起，唇口牙齒過於羅剎百千萬倍，角如牛角，角端生劍五方異見，身體赤黑如癩病狗，有四百尾，於其尾頭*膿血沸屎，有鐵嘴蟲纏其身體，手捉鐵叉腳下踏輪，刀輪上刺直徹心髓，駛疾如風，各以鐵叉叉罪人腰，直上而走。阿鼻地獄如影隨形，逐罪人來。俄頃之間到道樹邊，一時雲集欲興惡逆。

「菩薩是時儼然不動，入勝意慈。魔王譸張，奮武振吼，勅諸兵衆：『汝等速疾逼害瞿曇。』上震天雷，雨熱鐵丸，刀輪武器更相加積交橫空中，四面諸鬼同時俱作，然其火箭不近菩薩。是時菩薩徐舉右臂，申眉間毛，下向用擬阿鼻地獄，令諸罪人見白毛中流出衆水，澍如車軸雨大火上，大火暫滅唯烟氣在，令受罪人心得小悟，自憶前世百生千生百千萬生所作諸罪。諸獄卒等持大鐵叉罪起舉人，盡其身力不能得動。忽然自見大鐵叉頭如白銀山，龕室千萬，有白師子盤身為座，於其座上生白蓮華，有妙菩薩入勝意慈，如是莊嚴如須彌山。放叉擲地，有七寶華生叉根下，有白色光明，照諸地獄及獄卒身，令閻羅王及諸獄卒作白銀山，猶如電光暫時得見。諸受罪人六情諸根猛火速起，節頭火然筋脈生釘，暫得一起，合掌叉手向白毫相。即時心開，見白毛中人如己無異，坐蓮華*牀以水澆灌諸罪人頂，令心熱惱暫得清涼，即皆同時稱：『南無佛。』以是因緣，受罪畢訖直生人中，諸情完具正見出家，既出家已，破二十億洞然之結，成須陀洹。魔見是相，憔悴懊惱却臥床上。

「魔有三女，長名悅彼，中名喜心，小名多媚。時魔三女至父王所，長跪叉手為父作禮，啟言：『父王今日何故愁悴乃爾？』其父答言：『沙門瞿曇結誓深重，今坐道樹要壞我民，是故愁耳。』女白父言：『我能往亂，願父莫愁。』即自莊飾著雜寶冠，容媚挺特，過踰魔后百千萬倍，眄目作姿現諸妖冶，瓔珞晃耀光翳六天。乘羽寶車，安施寶帳垂諸天華，於華鬚頭諸化玉女，手執樂器鼓樂絃歌，聲萬種音，凡在世人之所憙樂。一一玉女，從五百女以為侍御，繒蓋幢幡如雲而下，身毛孔中香烟芬馥，有百千色，玄黃昱爍甚適人目。安庠徐步，至菩薩所。下車合掌，禮敬菩薩，旋遶七匝，白菩薩言：『太子生時，萬神侍御，七寶來臻，何棄天位來此樹下？我是天女盛美無比，顏貌紅輝六天無雙，今以微身奉上太子，供給左右可備灑掃，我等善能調身按摩，今欲親附願遂下情。太子坐樹身體疲懈，宜須偃息，服食甘露。』即以寶器獻天百味。

「太子寂然身心不動，以白毫擬令天三女，自見身內膿囊涕唾，九孔筋脈一切根本，大腸、小腸、生藏、熟藏，於其中間迴伏婉轉，踊生諸蟲，其數滿足有八千戶，戶有九億諸小蟲等。蟲遊戲時，走入小腸皆有四口，張口上向，大蟲遊戲入大腸中，從大腸出復入胃中，冷病起時胃管閉塞，蟲不得入故食不消。脾腎、肝肺、心膽、喉嚨、肺腴、肝鬲，如是中間復生四蟲，如四蛇合，上下同時唼食諸藏，滓盡汁出，入眼為淚，入鼻為涕，聚口成唾，放口涎流。薄皮、厚皮、筋髓、諸脈悉生諸蟲，細於秋毫數甚衆多，不可具說。

「其女見此，即便嘔吐，從口而出無有窮盡。即自見身左生蛇頭，右生狐頭，中首狗頭，頭上化生九色死屍，如九相觀。九相觀者：一者、新死相。或見死人，身體正直，無所復知，想我此身亦當復爾，與此無異，故曰新死相。二者、青淤相。或見死人，一日至于七日，身體青膖瘀黑相，我所愛身亦當復爾，與此無異，故曰青瘀相。三者、膿血相。或見死人，身已爛壞，血流塗漫，極為可惡不可瞻視，我所愛身亦當復爾，故曰膿血相。四者、絳汁相。或見死人，身體縱橫，黃水流出狀似絳汁，我所愛身亦當復爾，故曰絳汁相。五者、食不消相。或見死人，為烏鳥所食，蟲狼所噉，為蠅所蛆，其肉欲盡或半身在，我所愛身亦當復爾，故曰食不消相。六者、筋纏束薪相。或見死人，皮肉已盡，止有筋骨相連，譬似束薪，由是得成而不解散，我所愛身亦當復爾，故曰筋纏束薪相。七者、骨節分離相。或見死人，筋已爛壞，骨節縱橫不在一處，我所愛身亦當復爾，故曰骨節分離相。八者、燒燋可惡相。或見死人，為家火所燒，野火所焚，燋縮在地，極為可惡不可瞻視，我所愛身亦當復爾，故曰燒燋可惡相。九者、*枯骨相。或見久昔乾骨，若五十歲，至百歲、二百歲、三百歲時，骨還變白，日曝徹中，火從骨上焰焰而起，火燒之後風吹入地，還歸于土，是名略說九相。是為菩薩始在樹下初開不淨觀門。

「時三魔女，自見背上，復負老母，髮白面皺，脣口喎僻，手腳繚戾，顏色津黑猶如僵尸。胸前復抱一死小兒，於六竅中流出諸膿，膿中生蟲正似蚘蟲，諸女見此愕然驚嗥，却行而去。低頭視臍，臍生六龍，龍吐水火，耳出諸風，體堅如鐵，自見女形醜狀鄙穢，乃當如是。於其鄙處有諸小蟲，蟲有四頭二上二下，唼食女身，口出五毒，毒有五脈，上至心下乃至咽喉，從六根中生諸脈根九十有九，直下流注至諸蟲頂，共相灌注徹諸蟲心，諸女人等從無數世造諸邪行惡業因緣，獲得如是不淨醜身。復有諸蟲如手臂釧，團欒相持而有衆口，口生五毒唼食女根，諸女人等先世之時邪婬行故，獲臭惡身以為莊嚴。諸女見已，心極酸苦如箭入心，卻行之時，匍匐而去如羸駝步，初舉足時，節節火起。其髮黃黑如刺棘林，以自纏身，呼嗟歎息，至魔王前。魔王心怒，奮劍豎色，即欲直前。魔子諫曰：『父王！無辜自招瘡疣，菩薩行淨難動如地，云何可壞？』作是諫時，菩薩復以白毫光擬令魔眷屬身心安樂，譬如比丘入第三禪。餓鬼見白毛，毛端皆有百千萬億諸大菩薩，是諸菩薩亦入勝意慈心三昧，各以右手*捋左指頭，爪端生乳灑滅猛火。猛火滅已，即得清涼，自然飽滿，身心踊悅，發菩提心，因是心故，捨餓鬼苦。

「是諸鬼等自見其身，如似白玉，似瑠璃山，似頗梨山，似黃金山，似馬瑙山，身諸毛孔似真珠貫，眼目明淨似明月珠，身諸烟焰如雜寶雲，所執刀杖似七寶臺，七寶臺內重鋪綩綖，安置丹枕。左右自然有化梵王，見化菩薩坐於*化臺，各各異說諸罪人報：『汝等前世坐作惡業故，獲如此可惡之形。』說是語時，是諸鬼神有發無上菩提心者，有種聲聞、辟支佛因緣者，有於來世當生人天勝樂處者。

「是時魔王忽然還宮，白毫隨從直至六天，於其中間無數天子天女，見白毛孔通中皆空，團圓可愛如梵王幢，於其空間有百千萬恒河沙微塵諸寶蓮華，一一蓮華無量無邊諸妙白色以為其臺，臺上有化菩薩放白毫大人相光，亦復如是。諸菩薩頂有妙蓮華其華金色，過去七佛在其華上。是諸化佛，自說名字與修多羅，等無差別。復有諸天宿善根者，見化菩薩一毛孔中生一菩薩，菩薩頂上皆有化佛，如前不異。時諸化佛眉間出華，百寶莊嚴，諸天世間無色可比。有化光臺，臺上化佛如前不異，諸化菩薩身毛孔中，化出一切十方眾生所希見事。化人足下有化光臺，生諸天宮，勝過六欲魔王宮殿，亦勝大梵儼身之宮。諸梵頂相從化菩薩足輞間生，如是白毛上至無色，遍照一切無量無邊諸天世界皆如白寶頗梨明鏡。諸天見此勝瑞相已，不樂天樂，發菩提心。魔王八萬四千天女視波旬身狀如死狗，亦似燋木，但瞻菩薩白毫相光，心意悅樂，無以為譬，怒恚波旬前所為事，規欲壞他自失軍衆。作是語時，百千無數天子天女復發無上菩提道意。」

佛告大王：「如是種種諸勝相事，但從菩薩眉間白毫而生此耳，不勞其餘身分功德。佛滅度後，諸四部衆若能暫時捨離散亂，繫心正觀菩薩降魔白毫相者，滅無數劫黑業惡障，亦除十惡諸煩惱障，能於現世見佛影像了了分明，如是種種觀相境界不可具說。如我滅後，欲觀如來降伏魔時白毛相者，當作此觀。如是觀者，名為正觀，若異觀者，名為邪觀。

「云何名為如來成佛時大人相、覺人相、不動人相、解脫人相、光明人相、滿智慧人相、具足諸波羅蜜相、首楞嚴等諸三昧海相？菩薩摩訶薩從勝意慈三昧起，入滅意定。從滅意定起，還入首楞嚴。從首楞嚴起，入慧炬三昧。從慧炬三昧起，入諸法相三昧。從諸法相三昧起，入光明相三昧。從光明相三昧起，入師子音聲三昧。從師子音聲三昧起，入師子奮迅三昧。從師子奮迅三昧起，入海意三昧。從海意三昧起，入普智三昧。從普智三昧起，入陀羅尼印相三昧。從陀羅尼印相三昧起，入普現色身三昧。從普現色身三昧起，入法界性三昧。從法界性三昧起，入師子吼力王三昧。從師子吼力王三昧起，入滅諸魔相三昧。從滅諸魔相三昧起，入空慧三昧。從空慧三昧起，入解空相三昧。從解空相三昧起，入大空智三昧。從大空智三昧起，入遍一切處色身三昧。從遍一切處色身三昧起，入寂心相三昧。從寂心相三昧起，入菩薩摩訶薩金剛相三昧。從金剛相三昧起，入金剛頂三昧。從金剛頂三昧起，入一切三昧海。從一切三昧海起，入一切陀羅尼海三昧。從一切陀羅尼海三昧起，入一切佛境界海三昧。從一切佛境界海三昧起，入一切諸佛解脫解脫知見海三昧。從解脫解脫知見海三昧起，然後方入無量微塵數諸三昧海門。從諸三昧海門起，入寂意滅意三昧。從寂意滅意三昧起，入金剛譬[1]大解脫三昧相門。

「爾時，道場地化似金剛，滿八十里其色正白，不可具見。此相現時，菩薩眉間白毫相光，端潔正直，矗然東向，長一丈五尺，有十楞現。彌迦女人同類五女，無數萬億天龍鬼神，彌勒賢劫諸菩薩等，跋陀波羅等，無量無邊阿僧祇微塵數諸大菩薩，亦見此相。此相現時，佛菩提樹白毛力故，根下自然化生寶華，縱廣正等四十由旬，其華金色，金剛為臺。佛眉間光照此華臺，其光直下至金剛際，於金剛際自然化生二金剛座，互相振觸，聲振三千大千世界，令此大地六種振動。其金剛座上衝蓮華，至蓮華根，其蓮華根亦是金剛，三種金剛共相振觸，直還下過至金剛際往旋十返，白毫光明圍遶十匝，令金剛座鏗然不動。佛坐此坐，消除三障，成菩提道。佛心境界，說不可盡，若廣說者，一切衆生至十地菩薩，亦不能知，亦非所解。是故於此白毫相中，隱而不說。如是白毛光明力故，令菩提樹金剛為莖，根亦金剛，楷七寶成，楷上生光，各各有七圍遶佛身，化成寶縵，樹葉金色，華百寶色，華上有光百千寶色，諸天寶光不得為譬。果白寶色，夜摩天上微妙白寶不得為比，其果光明化摩尼網彌覆樹上，於其網間猶如白絲，婉轉下垂，化成寶鈴。

「鈴四角頭有大寶臺，其臺高顯過於上方無量世界。過是界已，復更化成諸大寶臺，其臺高妙不可具說，*高顯微妙，譬如和合百千萬億諸須彌山。於其臺上有大寶蓋純金剛成，雜色間錯，微妙光明，光明下垂化成幡帳。於幡帳中雨寶蓋雲，寶蓋雲中雨幢幡雲，幢幡雲中雨妓樂雲，妓樂雲中雨寶光雲，寶光雲中雨諸香雲，諸香雲中雨師子座雲，師子座雲中雨華鬘雲，華鬘雲中雨妙音雲，妙音雲中雨偈頌雲，偈頌雲中雨諸珍寶供養具雲。如是等種種供具，皆從菩提樹白毫相光明中出。時白毛光下垂照地，令道場邊金剛地上化作七池，池生德水，水有七色，七色分明，色有十光上照樹王。其池四岸衆寶合成，一岸百寶所共合成，一寶流出百億光明。池底純是金剛摩尼以為底沙，水生諸華純黃金葉，葉上千光化成光輪。池有七渠水自湧出，池*中生華，葉葉相次，於蓮華鬚流出諸水如琉璃珠，映徹分明。於渠兩邊列生諸華，八萬四千衆寶嚴飾。此渠中水更相灌注，當水流時光亦隨轉，映菩提樹。此樹光中，一一葉上生寶蓮華，其華遍布一切世界，於其華上化*百寶臺，遍至十方無量世界。其白毫光從佛眉間出，寶蓮華團圓正等滿一由旬。如是相次過於上方無量無邊不可算數。

「微塵世界華華相次，一一華上見一佛坐，身黃金色，方身丈六，結加趺坐，坐蓮華臺，其金剛座及菩提樹，如上所說等無有異，乃至十方亦復如是。於白毫中復出寶華，勝前寶華百億萬倍，華上有佛，如釋迦文等無有異。一華鬚頭復有一佛，身*長丈六，入深禪定，心不傾動。如是光明照於東方無量無數百千世界，令諸世界皆作金色。彼衆生見化佛毛孔開現光明，亦復如是出無量百千寶光，一一光中復有無量百億化佛。

「時諸天、龍、鬼、神、夜叉、乾闥婆等，覩此光明遶佛千匝，照十方國，見十方國，高下大小了了分明，如執明鏡自見面像。是諸大衆，波旬眷屬八萬億衆，諸鬼、神、天龍、夜叉等，各見白毫端直丈五，十方*悉見，映蔽衆目如萬億日，不可具見。但於光中，見無量無數百億千萬化釋迦文，眉間白毛正長丈五，一一毛中出無量光，一一光中無量化佛，化佛眉間亦復如是。是白毫光輪郭之中，流出衆光上至佛額，顯發額廣平正之相，額上諸毛毛皆上靡，其毛根下梵摩尼色，適衆生心，毛端流光如融紫金，光相上靡入於髮際，婉轉垂下至耳輪邊，然後布散上入髮間，圍遶螽文數百千匝。從枕骨生，如金蓮華葉日照開敷，蓮華葉間及蓮華鬚，如帝釋畫了了分明。衆色異現，於其色間無量化佛，一佛七菩薩諸天以為侍者，手執寶華白中白者，華有五光五色分明，隨從化佛，不失其所，此名如來初成佛時白毫相光。因白毫光初生項光，生王宮時此光如日，見不了了，圓光一尋別自當說。

「時諸八部覩白毫光所見不同，有見白毛猶如諸佛，有見白毫如諸菩薩，有見白毛如己父母，一切世間可尊敬事，悉於毛端了了得見。見已歡喜，有發無上菩提心者，有發聲聞、緣覺心者。如是諸鬼見白毛者，自然慈心，無諸惡意。」

佛告父王：「如來白毛自從初生乃至成佛，於其中間微細小事可得觀見。既成佛已，白毫光明眾相具足，諸修多羅中佛已廣說，白毫相光究竟之處，十地菩薩爾乃得見，先說小者，應諸世間此事易見。

佛告父王及勅阿難：「諦聽！諦聽！善思念之！傳語後世諸弟子等，皆令得知。若我滅後諸比丘等，若問是事：『此白毫相菩薩本昔修何行得？』汝當答言：『佛白毫相從無量劫捨心不慳，不見前相，不憶財物，心無封著而行布施，以身心法攝身威儀，護持禁戒如愛雙目。然其心內豁然虛寂，不見犯起及捨墮法，心安如地無有動搖。設有一人，以百千刀屠截其身，設復有人，以諸棘刺鞭撻其身，菩薩初無一念瞋恚。設復有人頭有千舌舌出千言，種種異辭罵辱，菩薩顏色不變如淨蓮華，心無所著，身心不懈，無疲惓意如救頭然，如身毛孔，生那利瘡，求覓良醫，晝夜精進，心無染污如琉璃珠表裏俱淨。攝身斂意，閉目叉手，端坐正受，其心如海，湛然不動，如金剛山不可沮壞。雖作是意，不隨禪生，灰心滅智，無所適莫，亦無覺觀非不觀法，心智猛利，攝諸方便，不見有法若大若小，有細微相，如是眾多名波羅蜜，亦從三十七助菩提法。復從十力、四無所畏、大慈大悲、三念處諸妙功德，得此白毫。若我滅後，佛諸弟子捨離諸惡，去憒鬧相，樂少語法，不務多事，晝夜六時，能於一時③中分為少分，少分之中能須臾間念佛白毫令心了了，無謬亂想，分明正住，注意不息念白毫者，若見相好，若不得見。如是等人，除却九十六億那由他恒河沙微塵數劫生死之罪。

「設復有人，但聞白毛心不驚疑，歡喜信受，此人亦除却八十億劫生死之罪。若諸比丘、比丘尼、優婆塞、優婆夷犯四根本罪，不如等罪及五逆罪，除謗方等。如是衆人若欲懺悔，晝夜六時身心不懈，譬如人在深草中行，四面火起，猛風吹來欲燒其身。此人作念：『若火燒我，未死之間支節解散，我當云何得滅此火？若不設計，命必不濟。誰有智者，多諸方便能救我命？設命全濟，於彼人所無所悋惜。』作是思惟已，如太山崩，五體投地，號泣雨淚，合掌向佛，讚歎如來種種德行。作是讚已，誦懺悔法，繫念在前，念佛眉間白毫相光，一日至七日前四種罪可得輕微，三七日時罪相漸滅，七七日後，然後羯磨，事在他經。若比丘犯不如罪，觀白毫光闇黑不現，應當入塔觀像眉間，一日至三日合掌啼泣，一心諦觀，然後入僧說前罪事，此名滅罪。前五種罪，念白毫光經八百日，然後復有別羯磨法。」

佛告父王：「如來有無量相好，一一相中八萬四千諸小相好，如是相好，不及白毫少分功德。是故今日為於來世諸惡衆生，說白毫相大慧光明，消惡觀法。若有邪見極重惡人，聞此觀法具足相貌，生瞋恨心，無有是處，縱使生瞋，白毫相光亦復覆護，暫聞是語除三劫罪，後身生處生諸佛前。如是種種百千億種，觀諸光明微妙境界，不可悉說，念白毫時，自然當生。如此觀者，名為正觀；若異觀者，名為邪觀。

「云何名觀額廣平正？額廣平正相，二輪光明，光明輪郭，千輻轂輞，成摩尼珠。形如毘紐羯磨天畫，於畫中流出上妙金色之光，來入白毫，遶毫七匝，上入額上諸毛孔中，乃至髮際諸色相中，婉轉下垂至于耳輪，上散入髮，遶髮七匝。從枕骨出，遶前蓮華相，團圓七匝，七畫分明。畫有七色，色生七華，華有一佛，有七菩薩以為侍者，恭敬圍遶，右旋而轉。如是額廣平正三相：髮際相、頭諸毛孔相、腦中相。腦中亦有十四光，現諸脈中，中外俱徹，明顯可愛，踊出白光紅紫間錯。其色微細從枕骨出，亦遶前者三匝，一一畫間有一佛坐，有二菩薩以為侍者，益更明顯，勝前數倍。

「云何觀如來眉相？左右二眉，形如月初，卷生諸毛稀稠得所隨月形轉，其色艷紫，毛端紺青，琉璃妙光色無與比，眉光兩靡散入諸髮。既入髮已，上至髮杪，其光螽起，蜂翠孔雀色無以類，猶如聚墨比琉璃光，亦復下垂。從枕骨出，右旋宛轉，遶光四匝。一一畫中出一化佛，有二菩薩及二比丘翼侍左右，皆悉住立蓮華鬚上，明顯可愛，勝前數倍。眉下三畫及眼眶中，旋生四光青、黃、赤、白，上向艷出，入眉骨中，出眉毛端，亦如前法。從枕骨出，遶光四匝，四色分明。黃色化佛身黃金色，白色化佛身白銀色，青色化佛身金精色，赤色化佛身車渠色，如是右旋，益更明顯，勝前數倍。

「云何觀如來眼睫相？如來眼睫，上下各生有五百毛，柔軟可愛如優曇華鬚。於其毛端流出一光，如頗梨色入前眾相，光明色中遶頭一匝，從枕骨生，圍遶前光，純生微妙諸青蓮華。蓮華臺上有青色蓋，有梵天王手執是蓋。此相現時佛眼青白，白者過於白寶百億萬倍，青者勝青蓮華及紺琉璃百億萬倍。上下俱眴如牛王眼，眼雙眥頭旋出二光，如青蓮華極為微細。遶髮一匝，從枕骨出，映飾諸華令華開敷，光明益顯。如是勝相無量功德，名如來眼。若有欲觀如來眼者，當作此觀。作此觀者，減損諸惡，閉目端坐，正觀佛眼一日至七日，於未來世常得見佛，終不盲冥，亦不生於邊地邪見無佛法處，慧眼恒開，不生愚癡。」

佛告父王：「是故智者為除盲冥，當觀佛眼。佛有五眼，此觀法中先說肉眼，明淨光現觀眼心利，傍生境界，不可具說。諦觀佛眼於少時間及觀像眼，未來世中經五生處，眼常明淨，眼根無病，除卻七劫生死之罪。」

佛告阿難：「勅諸四衆！勤觀佛眼，慎勿休廢。觀佛眼者，必獲無量微妙功德。髮際額廣及髮毫文，眼眶眼眉，眼睫眼晝，如是等衆相光明，若能暫見，除六十劫生死之罪，未來生處必見彌勒，賢劫千佛威光所護，心如蓮華而無所著，終不墮於三塗八難。若坐不見，當入塔觀。入塔觀時，亦當作此諸光明想，至心合掌，踟跪諦觀，一日至三日心不錯亂，命終之後生兜率天，面見彌勒菩薩，色身端嚴，應感化導。既得見已，身心歡喜，入正法位。」

佛告父王：「如是觀者，名為正觀；若異觀者，名為邪觀。」

佛說觀佛三昧海經卷第二

佛說觀佛三昧海經卷第三

東晉天竺三藏佛陀跋陀羅譯

觀相品第三之三

佛告父王：「云何觀佛耳？佛耳普垂埵旋生七毛輪郭衆相，及生王宮初穿耳時，令兩耳孔內外生華，此蓮華中及耳七毛，流出諸光有五百支，支五百色，色出五百化佛。佛五菩薩，有五比丘以為侍者。遶光右旋，其數五匝，上下正等，映照佛耳。佛耳可愛，如寶蓮華懸處日光。佛在世時，一切大衆咸見是相，是名佛耳色相光明。」

佛告父王：「若四部衆遠離憒鬧，正念思惟佛耳相者，此人生處耳根清淨，無諸穢惡，耳常得聞無上微妙十二部經。聞已信解如說修行，除滅八十劫生死之罪。若不見者，如前入塔諦觀像耳，一日至十四日亦得如向所說功德。是故智者當勤修集正觀佛耳，勿使廢失。若病苦時倚側偃臥，亦當觀佛清淨耳相。如是觀像耳，如前所想，心不懈退，後身生處亦常得與陀羅尼人以為眷屬，聞法憶持譬如貫珠。如是觀者，名為正觀，若異觀者，名為邪觀。

「云何觀如來方頰車相？如來頰上六畫中，左右正等有妙光色，輝艷倍常，閻浮檀金光色遍照，令佛面相如淨金色，譬如和合百千日月，是名如來方頰車相。佛滅度後，佛諸弟子繫念思惟作是觀者，除滅百劫生死之罪，面見諸佛了了無疑。如是觀者，名為正觀；若異觀者，名為邪觀。

「云何觀如來師子欠相？佛張口時，如師子王口方正等，口兩吻邊流出三光，其光金色過踰前光百千萬倍。上入耳光圍遶諸髮，從枕骨出，遶前*圍光，一一畫間有三化佛，一一化佛有二梵王以為侍者，是名如來師子欠相。佛滅度後，四部弟子作是觀者，除滅十劫生死之罪，後身生處口中恒有優鉢華香，有所宣說，人皆信受，譬如帝釋三十三天一切信用。如是觀者，是名正觀；若異觀者，名為邪觀。

「云何名觀如來鼻相？如來鼻高脩而且直，當于面門，如來鼻端如鷹王嘴，鼻孔流光上下灌注。上者上入眼眉白毫相髮際，如是直入頂肉髻骨，譬如金幢，從枕骨出變成眾華，華上皆有天諸樂神手執樂器，遍入一切諸化佛間以為導從，遶光十匝。下者直至入佛髭中，圍遶髭毛，令髭毛根有華開敷，如稊米粒，流入脣腭至諸齒間映飾咽喉，下至佛胸成光明雲，表裏清淨無諸塵翳，如琉璃器*盛金光豔☆，是名如來真淨鼻相。佛滅度後，佛諸弟子如是觀者，除滅千劫極重惡業，未來生處聞上妙香，心意了了，不著於香，常以戒香為身瓔珞。如是觀者，名為正觀；若異觀者，是名邪觀。

「云何觀如來髭？諸髭毛端開敷三光紫紺紅色，如是光明，直從口邊旋頸上照，圍遶圓光，作三種畫，其畫分明。色中上者，一一畫間生一寶珠，其珠光明有百千色，珠下白華莖莖相跓，滿三匝已，然後彼光還入髭中，是名如來髭毛光相。佛滅度後，作是觀者，除三十劫生死之罪，後身生處身諸毛孔有自然光，心不樂著家居眷屬世間之樂，常樂出家修頭陀行。如是觀者，名為正觀；若異觀者，名為邪觀。

「云何觀如來脣色赤好如頻婆果相？於上下脣及與齗腭，和合出光，其光團圓猶如百千赤真珠貫，從佛口出入於佛鼻，從佛鼻出入於白毫，從白毫出入諸髮間，從髮間出入圓光中，暎飾諸華。口四十齒印上生光，其光紅白光光相照，照四十齒，令四十齒*朗然齊白如頗梨*璧，上下齊平無參差者，齒間文畫流出諸光亦紅白色。如是衆色，佛在世時暎耀人目，佛滅度後，當以心眼觀見此色。佛諸弟子作此觀者，除二千劫生死之罪，後身生處脣口微妙齒不踈缺，得色中上色。雖得是色，心不貪著，常見諸佛、聲聞、緣覺為之說法，令心不疑。如是觀者，名為正觀；若異觀者，名為邪觀。

「云何觀如來廣長舌相？如來舌者，是十波羅蜜十善報得，其舌根下及舌兩邊有二寶珠，流注甘露，渧舌根上，諸天、世人、十地菩薩無此舌相，亦無此味。舌上五畫如寶印文，如此上味入印文中，流注上下入琉璃筒，諸佛笑時動其舌根，此味力故，舌出五光，五色分明，遶佛七匝，還從頂入。佛出舌時，如蓮華葉，上至髮際遍覆佛面，舌下亦有衆雜色脈。如此上味，流入脈中，其味力故，變成衆光，有十四色，*一一☆光上照無量世界。一一光間有一光臺，其色衆妙不可具名。一一光臺龕室無數，一一龕中，無量化佛結加趺坐，聲聞、菩薩一切大衆皆悉圍繞，過於上方無量世界。化為一佛，佛身高顯如須彌山，如是諸佛其數無量，皆出舌相，亦復如是。*一一☆光下照至阿鼻獄，令阿鼻獄如黃金色，佛舌力故，令受苦人暫得休息，自慨前世所作惡事。如是下過無量世界，一一界中化寶華樹，葉如佛舌，舌相放光，光光相照變成化佛，其化佛身純白銀色，身相具足。一一化佛出廣長舌，舌相光中有諸化佛，如是化佛其數無量。化佛光明成一銀山，其山高大無量無邊，於其山間，純生銀樹、金華、銀果，樹下皆有白玉蓮華。華上復有白玉化人，玉人臍中化生六龍，其龍口黑，龍色純白，是化玉人其數無量。復更下過照無量界，見白玉樹，從下方出至娑婆界，復更蓊蔚至三界頂，枝條扶踈，其葉有色，色九十八，一一樹葉遍覆三界。其諸葉間，復有龍象、虎狼、師子、毒蟲、惡獸、貓狸、鼷鼠，無事不有。其餘境界，坐者自見，見一光照東方，令東方地皆作金色，山河樹木一切火燒，火光金光各不相障。於金光端有諸化佛，佛佛相次，乃至東方無量世界，譬如稻麻間無空缺。一佛皆有無量菩薩以為侍者，是諸菩薩亦出舌相與佛正等。如是舌相，無量光明化成光雲，於光雲中，如微塵等無量化佛結加趺坐。如是光明其數無量。

「時火焰端有五夜叉，手執利劍，頭有四口，吸火而走。如是諸鬼其數無量，乃至東方亦復如是。一光照南方無量世界，令其世界作琉璃色，琉璃地上生黃金華，黃金華上生馬腦華，馬腦華上生車璖華，車璖華上生玫瑰華，玫瑰華上生虎魄華，虎魄華上生珊瑚華，珊瑚華上生金精華，金精華上生金剛華，金剛華上生摩尼光華。摩尼光華一一葉間，有無量色百億寶華，一一華鬚有無量釋迦牟尼結加趺坐，菩薩大衆以為圍遶。時諸大衆身毛孔中亦出此華，一一華上現希有事，亦如上說。是諸化佛出廣長舌相開現光明，倍勝是相百千萬倍。於諸華間有妙寶座，高顯可*愛如梵王床，一一床上有大菩薩，身相端嚴猶如彌勒，亦出廣長舌相，其舌光明作摩尼網，覆諸化佛及與大衆。摩尼網間出大寶光，其寶光端，復有無量無邊化佛，一一化佛各有無數比丘侍從。

「時諸比丘坐金蓮華，身黃金色，安禪合掌，入念佛定，身諸毛孔出金色光，此一一光化成化佛猶如金山，圍遶比丘，有化比丘亦圍遶佛，如是衆多數不可說。一光照西方，令[1]西方地作頗梨色，頗◎梨地上有金剛雲，金剛雲中有白寶雲，白寶雲中有赤真珠雲，赤真珠雲中有白真珠雲，白真珠雲中有紫真珠雲，紫真珠雲中有綠真珠雲，綠真珠雲中有紅真珠雲，紅真珠雲中有閻浮檀金沙雲，金沙雲中有金剛摩尼微塵雲，金剛摩尼微塵雲中有一切寶色微塵雲。如是一一雲中，有五十六億色，微妙鮮好過於眼界，惟有寂心可與此合。如是諸相，復有無量微塵化佛，一一化佛無量微塵諸化弟子，諸塵不大，諸佛不小，端嚴微妙如釋迦文，亦出舌相。

「一光照北方，令北方地作車𤦲色，車𤦲地上有金剛塔，一一佛塔百千妙塔以為圍遶，其數無量。塔極小者，高五十億那由他由旬，一一塔中，復有百億塵數龕窟，一一窟中，無量無邊諸寶色水自然踊出。是諸水上有大蓮華開現光明，其光現時，香氣微妙，勝海此岸栴檀之香百千萬倍。是香變為微妙光明，諸光明中有諸化佛，身色微妙；寶中上者，一切衆寶從舌相出。時一一窟無量光明，一一光明無量化佛，一一化佛復出舌相，光明無量，亦成香塔，過於北方無量世界不可窮盡，但從念佛三昧海生。

「一光照東南方，令東南方其地馬瑙色，馬瑙地上有虎魄山，虎魄山上生七寶林，七寶林間有十泉水，水十寶色，水色放光，普照東南方無量世界。光所照處有大寶山，一一山間一一樹下生曼陀羅華、摩訶曼陀羅華。於華臺上有一化佛，純琉璃色，內外清徹，不可具名，雜寶色光遶身千匝，一一光中無量化佛，一一化佛無量大衆皆琉璃色以為圍遶，一一化佛出舌相光明化成寶山。如是寶山，復過東南方無量世界。

「一光照西南方無量世界，令西南方地純珊瑚色，珊瑚地上生碧玉樓，樓極下者高五十億由旬。樓一億柱，此一一柱百億寶色，一一寶放無數光，此一一光化為無量千億寶樹。一一樹下有六泉水，其水從樹根入，從樹條出，流出之時，有六寶色。一一水中生一蓮華，其華鮮白，華上復有一白化佛，其身極白過踰一切，白色之上有五百色，微妙光明，圍遶佛身，一一光明化無數佛，一一化佛有無數菩薩。樓閣諸柱皆放光明，一一光中無數化佛，青色化佛在於珊瑚地上經行；白色化佛在於青玉樓上經行；樓閣龕室皆有如是無數化佛，亦出舌相放大光明，其光微妙，照西南方無量世界不可窮盡。

「一光照西北方，令西北方作虎魄地，於虎魄地上生真珠山，真珠山上有珊瑚樹，白玉葉、摩尼華、黃金果、金精鬚。樹下自然有大師子，其身七寶，師子眼中放大光明，照虎魄地，令虎魄地生一大蓮華，其華周圓無量無邊。一一華上有光明雲，其雲紫色，雲上有網綠真珠色，真珠網間生金蓮華，金蓮華上有一化佛，身紫金色，青黃赤白五色光明以為圍遶。一一光中無數化佛，一一化佛無量大眾，是諸化佛出廣長舌相，亦復如是，如是遍照西北方無量世界，舌相光明不可窮盡。

「一光照東北方，令東北方地純金剛色，於金剛地上生華七寶合成，華上生幢閣浮金色。幢頭有華，其華無量百千寶色，有無數葉，一一華葉化為無量百千寶帳。一一帳角有七寶幢，一一幢頭有七寶蓋，其蓋彌覆東北方地一切世界。蓋有五幡，純黃金成，幡有萬億無量寶鈴，鈴出妙音，讚歎佛名，讚歎禮佛，讚歎念佛，讚歎懺悔。出是聲已，寶帳下地大光踊出，其光微妙無數千億，一一光中無量化佛結加趺坐，坐寶帳內。復有踊身住虛空中，東踊西沒，西踊東沒，南踊北沒，北踊南沒，邊踊中沒，中踊邊沒；或現大身滿虛空中，大復現小身如芥子，於虛空中行住坐臥；身上出水，身下出火，身下出水，身上出火；履地如水，履水如地。水中生蓮華，大如車輪，華上有佛結加趺坐，如是化佛無量無邊。同時見佛踊身空中作十八變，火上生一金須彌山，星宿日月七寶莊嚴，諸龍夜叉及大海水。如是眾多須彌山，左右一切諸有皆悉出現，如是眾山其數無量，山頂有佛亦出舌相，舌相光明，遍照東北方無量世界不可窮盡。

「一光上照從閻浮提四天王宮，令四天王皆見釋迦牟尼世尊。人中之日乘七寶臺，與諸大衆往彼天上。諸天見已，發菩提心，乃至無色界一切諸天皆見是相，了了分明，心不謬亂，令無色天不謗涅槃，起菩提想。一光下照諸阿修羅、諸夜叉等、諸乾闥婆、諸迦樓羅、諸緊那羅、諸摩睺羅伽、諸龍、諸羅刹、諸富單那、諸金毘羅，諸噉人精氣鬼、諸鳩槃*茶、諸吉遮、諸曠野鬼、諸餓鬼、諸食吐鬼、諸食涕唾鬼、諸食膿血鬼、諸食屎尿鬼，諸山神、諸樹神、諸水神，如是等若干百千諸鬼神等，其身暫時作天身色柔軟悅樂，譬如比丘入第三禪。是諸鬼等各隨業行，自發三種菩提之心。諸餓鬼等舌①光現時，猶如冷水滅節間火，火既滅已，融銅墮地，直陷入地。時諸餓鬼皆悉張口唱言：『飢飢，於千萬歲不曾見水，今遇此水，除熱清涼，是誰力耶？』空中聲曰：『愚癡餓鬼！有佛世尊放舌光明，其光照汝，令汝苦毒悉得休息。』作是語已，一一鬼前見一慈母坐蓮華臺，譬如慈母抱持嬰兒與乳令飲，使鬼飽滿。既飽滿已，發菩提心。既發心已，一一慈母化成一佛，時一一佛亦放舌相救諸餓鬼。佛攝舌相，此光千色遶佛千匝，光有千佛從佛頂入，入已佛身嚴顯，三十二相、八十隨形好，皆悉明燿，遍體流光，晃晃昱昱勝於百千無數億日。」

佛告父王：「如來舌相及舌功德，觀舌境界其事如是。佛滅度後，念佛心利觀佛舌者，心眼境界如向所說。作是觀者，除去百億八萬四千劫生死之罪，捨身他世，值遇八十億佛，於諸佛所皆見諸佛廣長舌相，放大光明，亦復如是，然後得受菩提道記。」

佛告阿難：「汝持佛語，莫令忘失！告諸弟子正身正意，端坐正受觀廣長舌者，如我在世等無有異。若有眾生聞此說者，心不驚疑，不生誹謗，不惱念佛者，勸進念佛者，供養恭敬，尊重讚歎，如是等人雖不念佛，以善心故，除却百劫極重惡業，當來生處值遇彌勒，乃至樓至佛，於千佛所聞法受化，常得如是觀佛三昧。」

佛告父王：「如是觀者，名為正觀；若異觀者，名為邪觀。

「云何觀如來頸相、缺瓫骨滿相、*胸臆☆字相、*卍字印相？是眾字間出生圓光，頸牖圓相如琉璃筒，懸好金幢，咽喉上有點相，分明猶如伊字，一一點中流出一一光，其一一光遶前圓光足滿七匝，衆畫分明。一一畫間有妙蓮華，其蓮華上有七化佛，一一化佛有七菩薩以為侍者，一一菩薩二手皆執如意寶珠，其珠金光青黃赤白及摩尼色皆悉具足。如是圍遶諸光畫中，是名佛頸出圓光相、胸*臆字文*卍字印中缺瓫滿相、腋下珠相。是諸相中，一一勝相有五百色雜色光明，共相暎發，各不相妨。一一色光圍遶頸光足五百匝，一一畫中五百化佛，一一化佛五百菩薩以為侍者，五百比丘手執白拂侍立左右。諸化佛光、化菩薩光、化比丘光於衆光中皆悉顯現。大須彌山、四天王宮、諸天宮殿、日月星辰、龍宮、神宮、阿修羅宮，十寶山神、四海水神、及諸水性乾闥婆等，諸婆羅門所尊敬事，九十五種神仙異術，父母所親歷世因緣，如是等神，於佛光中悉皆顯現。復有百億無量鬼神，影現圓光，為閻浮提人說孝養事。此影化人見衆人時，皆自說言：『我是汝父，我是汝母。無量世中汝字某甲，我名某甲。』如是衆多無量大衆，皆是衆生所尊敬事，於佛圓光了了如畫，如鏡見面。如是衆相名為圓光，圍遶佛頸，上亦一尋，下亦一尋，左亦一尋，右亦一尋，足滿八尺，於圓光中流出化佛，一切衆生所希見事，皆於中現，了了分明。於圓光上有金色艷，如摩尼珠嚴顯可愛。摩尼艷間化生華樹，其樹金色，百千萬億閻浮檀金不得為比。一一樹下有寶蓮華，華上化佛真黃金色，如琉璃蓋以覆佛上，顯發金顏，分齊分明，如是化像其數無量。佛在世時，世尊行時此光照地前一由旬純黃金色，後一由旬純黃金色，左一由旬純黃金色，右一由旬純黃金色。有人近佛左右行者，其人臭穢，皆悉不現，人遠望之，同為金色。佛坐樹下，此光赫奕，如衆金華散祇樹間。有人諦觀佛項光者，前行看者見佛在前，從後看者見佛在後，左邊看之見佛在左，右邊看之見佛在右。八方人來遙見項光，各作是言：『瞿曇沙門在金山中遊行自在，來向我所。』如是衆人各各異見，是名項光。

「見此光時，佛頂肉髻生萬億光，光光相次，乃至上方無量世界，諸天、世人、十地菩薩亦不能見。其髮右旋上妙蠡文，蜂翠孔雀色不得比，有千光明赫奕而起。此光起時，佛肉髻骨及佛頭中，一切妙相皆悉暎現，滿足面相，光明可愛，人天淨國報得妙華，不得為譬，佛面光明益更明顯，佛頸佛胸及以佛臂，勝前數倍光更明顯。佛膝出光，其光白色，分為四支，隨身上轉，化作白華入項光下。臍出五光，光有二支，支有五色，入脇骨中，如白玉筒。盛衆色水從兩肩後自然踊出，如金摩尼焰焰相跓。諸摩尼光有妙蓮華，一一蓮華上有七化佛，如畫如印，隨佛身轉，不相障礙。鹿王蹲、鉤鎖骨、蟠龍結間，如是中間出諸金光，此一一光從一節出入一節間，如是和合成一大光如金摩尼，住佛肘後艷至頂光。赤銅爪、足指縵網各各有光，其光赫奕，琉璃、頗梨備七寶色從佛足趺，副稱佛身如摩尼珠，亦如前光上至圓光。足下輪相及長足跟各生一華，其華微妙，猶如淨國優鉢羅華。佛足跟出圍遶諸光，滿足十匝，華華相次，一一華中有五化佛，一一化佛五十菩薩以為侍者，一一菩薩其頂上生摩尼珠光。此相現時，佛身毛孔一一孔中，旋生八萬四千微細諸小光明，嚴飾身光，極令可愛。如是種種雜色，名為常光，名適意光，亦名隨諸衆生所樂見光，亦名施衆生眼光。此光一尋其相衆多，瞿師羅觀佛，此光隨小，乃至他方諸大菩薩觀佛之時，此光隨大，如雜華說。」

佛告父王及勑阿難：「吾今為汝悉現具足身相光明。」

作是語已，佛從坐起，告阿難言：「汝諸比丘並諸釋子！皆悉起立，合掌向佛，諦觀如來。從頂光明下至足光，從頂肉髻下至足下平滿之相。」

復勑比丘：「復從足下平滿相，上乃至肉髻，亦觀如來身光項光。」

復勑：「從佛一一毛孔盡一身分，一一事觀皆令了了，如人執鏡自觀面像。若生垢惡不善心者，若有毀犯佛禁戒者，見像純黑猶如炭人。釋子眾中五百釋子，見佛色身猶如炭人。比丘眾中有一千人，見佛色身如赤土人。優婆塞眾中有十六人，見佛色身如黑象腳。優婆夷眾中二十四人，見佛身色猶如聚墨。如是四眾各各異見。比丘尼眾中有比丘尼，見佛色身如白銀色。優婆夷眾中有優婆夷，見佛色身如藍染青色。如是四眾觀佛色身，所見不同。」

時諸四眾聞佛是語，啼哭雨淚，合掌白佛：「我等今者不見妙色，五百釋子自拔頭髮，舉身投地，鼻中血出。佛生我家，佛初生時，眾人皆見純黃金色，唯有我等，恒見佛身猶如炭人，亦如羸瘦諸婆羅門。我等宿世有何罪咎？惟願佛日為我解說。」

說是語已，自拔頭髮，號哭如前，婉轉自撲。

爾時，慈父出梵音聲，安慰諸釋及諸四衆：「善男子等！如來佛日出現世間，正為除滅汝等罪咎。汝等還起，佛自知時，當為汝說。」

爾時，大衆從地起已，遶佛三匝，禮世尊足。五百釋子詣阿難所，敬禮阿難白言：「尊者！我之與汝俱生釋家，汝獨聰明，總持佛語，猶如瀉水置於異器。我宿罪故不見佛身，何況聞法！」說是語已，對阿難哭。

爾時，如來以梵音聲告諸釋子、及勅大衆、諸兄弟等：「勿復號哭！過去有佛，名毘婆尸如來、應供、正遍知，出現於世教化衆生，度人周訖。般涅槃後，於像法中有一長者，名日月德，有五百子聰明多智，廣知世間一切文藝，星宿曆數無不貫練。其父長者信敬佛法，常為諸子說觀佛心，亦說甚深十二因緣。諸子聞已，疑惑不信，言：『父老耄，為諸沙門之所誑惑。我諸書籍都無是義，父今何處求覓得此？』時父長者愍諸子故，隱匿佛法，不為宣說。是時諸子同遇重病，父觀諸子命不支久，到諸子所，一一兒前泣淚合掌，語言：『汝等邪見不信正法，今無常刀割切汝身，汝心煩悶，為何所怙？有佛世尊名毘婆尸，汝可稱之。』諸子聞已，敬其父故，稱南無佛。父復告言：『汝可稱法，汝可稱僧。』未及三稱，其子命終。以稱佛故，得生天上四天王處。天上壽盡，前邪見業墮大地獄，地獄受苦，獄卒羅剎以熱鐵叉刺壞其眼。受是苦時，憶父長者所教誨事，以念佛故，從地獄出，還生人中貧窮下賤。尸棄佛出，亦得值遇，但聞佛名，不覩佛形。毘舍佛出亦聞佛名，拘樓孫佛出亦聞其名，拘那含牟尼佛出亦聞其名，迦葉佛出亦聞其名。以聞六佛名因緣故，與我同生，雖生此處，我今身相端嚴乃爾。汝見我身如贏婆羅門，我身金色，閻浮檀金色不得比，汝見我色猶如炭人。」

佛告諸釋子：「汝今可稱過去佛名，為佛作禮，并稱汝父，禮過去佛，亦稱我名，敬禮於我；未來有佛號曰彌勒，亦當敬禮，說汝先世邪見之罪。今佛現世，沙門大眾一切雲集，汝當向諸大德衆僧發露悔過，隨順佛語，懺悔諸罪。」

佛法衆中，五體投地如太山崩，向佛懺悔，心眼得開，見佛色身端嚴微妙，如須彌山光顯大海。既見佛已，心大歡喜，白佛言：「世尊！我今見佛三十二相、八十種好，身黃金色，一一相好無量光明。」作是語已，尋時得道，成須陀洹。

白父王言：「我等今者欲於佛法出家學道。」

父王告言：「汝自白佛，佛聽汝不？」

即往佛所，白言：「世尊！我欲出家。」

佛告釋子：「善來比丘鬚髮自落即成沙門，身所著衣化成法服，合掌禮佛稱南無佛，未舉頭頃成阿羅漢，三明六通皆悉具足。」

佛告父王：「大王！今者見諸釋子懺悔除罪，成羅漢不？」

父王白佛：「唯然！已見！」

佛告父王：「是諸比丘前世之時，以惡心故謗佛正法，但為父故，稱南無佛，生生常得聞諸佛名。乃至今世遭值我出，見佛色身及見眾僧，聞佛所說懺悔眾罪，因懺悔故諸障消除，諸障除故成阿羅漢。」

佛告阿難：「我涅槃後，諸天世人若稱我名，及稱南無諸佛，所獲福德無量無邊，況復繫念念諸佛者，而不滅除諸障礙耶？」

佛告諸比丘：「汝等所以見佛色身如赤土者，汝等前世於然燈佛末法之中，出家學道，既出家已，於師和上起不淨心，然其和上得羅漢道，知弟子心，告言：『法子！汝於和上及衆僧所莫起疑意，若起疑意，於諸淨戒永無得理。』時諸比丘聞和上說，心生瞋恨。是時和上知弟子心，漸漸自制，不為其說。時千弟子隨壽修短各欲命終，和上猶存而不涅槃。是時和上到弟子所，而說是言：『汝諸比丘初受法時，疑師疑戒，虛食信施。汝等今者欲何所怙？』諸人聞是，心驚毛竪，白言：『和上！為我說法。』和上告曰：『汝今事切，不宜餘處教汝懺悔，汝今但當稱然燈佛、如來、應供、正遍知十號具足。』爾時諸比丘用和上語，咸皆稱言南無諸佛。既稱佛已，尋即命終，乘善心故，得生天上，上生忉利，封受自然。畢天之壽，下生世間，坐前世罪虛食信施，墮餓鬼中，烊銅灌咽，壽命長遠八萬四千歲。餓鬼罪畢，生畜生中，畜生罪畢，還生人中，貧窮下賤以為莊嚴。既生人中，聞諸佛名，因於前世出家力故，信心內發如前，宿識稱南無佛，以稱佛名因緣功德，八千世中常值佛世，而眼不覩諸佛色身，況復聞法，乃至今日遭值我世，見我身體狀如赤土。」

佛告諸比丘：「汝等先世於不疑處橫生疑見，於可信處橫生不信，以是罪故，不見諸佛，不聞正法。如我今者現生王宮，我色真正色中最上，汝見赤土。」

時諸比丘聞佛此語，各自悔責，偏袒右肩，合掌向佛，而作是言：「我於前世無量劫時，邪見疑師，虛受信施，此因緣故墮地獄中。今雖得出，於無量世不見諸佛，但聞其名。今見世尊身赤土色，正長五尺。」

是時世尊披僧祇支示胸*臆字，令比丘讀誦*得字已，知佛功德智慧莊嚴，於*卍字印中說佛八萬四千諸功德行。比丘見已，讚歎佛言：「世尊！甚奇特！但於胸字說無量義，何況佛心所有功德。」說是語已，向佛懺悔，五體投地如太山崩，悲號雨淚，對佛啼哭。

是時世尊軟言安慰，令諸比丘心得歡喜。既歡喜已，猶如風吹，重雲四散，顯發金顏三十二相，炳然覩見。既見佛已，心大歡喜發菩提心。

佛告父王：「此千比丘慇懃求法，心無懈息，於未來世過算數劫，當得作佛，號南無光照如來、應供、正遍知十號具足。其作佛時，地純金色七寶行樹，妙寶樓閣以為莊嚴。其土衆生，皆是慚愧懺悔之徒，純是菩薩發無上意。如是千佛次第出世，亦如賢劫千菩薩等次第成佛。

佛告大王：「是諸比丘疑師疑僧，獲大重罪如向所說。稱南無佛所得果報，今於我世現前受記，何況正念思惟佛者。」

諸比丘尼見佛銀色，從座而起，偏袒右肩，為佛作禮，白言：「世尊！如來今者自說身色，除諸衆生無量重罪，我等何故從生、出家乃至今日見佛銀色、銀華、銀光，諸莊嚴具悉皆是銀？我等云何。不見如來金光赫艷，亦不見佛三十二相果報功德？」

是時，如來聞諸尼語，即便微笑，有金色光從面門出，遶佛銀身，足滿十匝。此光現時，諸尼見佛身紫金色三十二相，光明顯照，不可具說。諸尼見已，觀眉間白毫相右旋婉轉，見已歡喜，應時即成阿羅漢道，三明六通具八解脫。

諸比丘尼自識宿命，曾於前世無量劫時，有佛出世，亦名釋迦文。彼佛滅後，有諸弟子出家學道，僧中一人遊行教化，見五百童女在山澤中歡娛自樂。時彼比丘攝持威儀，安庠徐步至諸女所，敷尼師檀在地而坐。

諸女見已，各各歡喜，而作是言：「此空閑處神仙所遊，忽然有此勝士比丘來在此坐，此必非凡，我宜供養，各脫銀鐶散比丘上，比丘精進德行純備，後必成佛，願我見之時，如所散鐶。」

「汝等貪著銀寶色故，生生常在白銀山中，受銀山神寶女之身，以禮沙門奉獻銀鐶，今遭我世，沐浴清化成阿羅漢。爾時比丘則我身是，時諸女者汝身是也。汝於前世供養沙門禮諸佛故，從是已來恒值諸佛。」

佛告父王：「佛人中寶祐利處多，若聞名者，禮拜供養獲大重報，何況繫念思佛正顏。」

優婆塞眾中見佛世尊如黑象腳者，即從坐起，偏袒右肩，合掌向佛，而作是言：「我生此國，我國王子出家成佛，阿私陀仙見三十二相，即為我說：『地天太子成佛無疑。』我聞是語，歸依於佛，從是以來恒隨佛後，受三歸依，受持八齋，受五戒法。然我罪咎，但聞佛聲，不見佛形，每見佛時，如黑象腳，何酷之甚！」說是語已，舉手推胸，號泣躄地。

是時，如來以梵音聲，猶如慈父安慰其子，告諸優婆塞言：「法子還坐！佛當為汝除斷疑悔，滅諸障礙。」

說是語已，告諸優婆塞：「汝等先世無量劫時，於閻浮提各作國王，王領諸國，快得自在。有諸沙門為利養故，為汝邪說不順佛教，法說非法，非法說法。汝等諸人皆信用之。是人以此諸惡教故，命終之後墮阿鼻地獄。汝等隨順惡友教故，命終亦墮黑闇地獄。由前聞法善心力故，今遭我世，受持五戒。汝今應當佛、法、僧前說汝邪見邪友所教，誠心懺悔。」

諸優婆塞聞佛此語，稱南無佛，稱南無法，稱南無僧，說諸罪咎誠心懺悔。

時佛即放眉間大人相光，照諸人心，心意開解，同時即得須陀洹道。諸優婆塞既得道已，見佛色身端嚴微妙，世間無比，求佛出家，成阿羅漢。

優婆夷眾中見佛色身猶如聚墨者，即從坐起，合掌向佛，雨淚號哭，悲不能言，舉手拍頭，氣絕躄地。

是時，世尊見是事已，以梵音聲安慰諸女，告言：「諸女！何故愁憂乃至如是？」

是時，諸女聞佛語聲，諸情根開，即起合掌，白世尊言：「佛日出世普照一切，眾人皆見如月盛滿，唯我不見。佛說法時，諸人皆聞八種音聲，我獨不聞，如生聾人。尊者舍利弗為我授戒，乃聞其說有五戒法，每至佛會見佛世尊猶如聚墨，唯願天尊大慈悲故，除我罪咎，令我得見。」

是時，世尊於師子座還坐申腳，出千輻輪相以示諸女。諸女但見眾妙蓮華從輪相出，華上化佛猶如墨人，復更合掌向佛作禮，白言：「世尊！為佛弟子已經多時，惟有今日見妙蓮華，見諸化佛猶如墨塗，宿有何罪，眼闇乃爾？」

佛告諸女：「諦聽！諦聽！善思念之！如來今者為汝分別。過去久遠無量世時，時世有佛，號一寶蓋燈王如來、應供、正遍知。彼佛滅後，於像法中有諸比丘，入村乞食，執鉢持錫，威儀不犯，至婬女家。時諸婬女取比丘鉢，盛滿鉢飯，戲比丘言：『汝釋種子，顏色可惡猶如聚墨，身所著衣狀如乞人，汝之可惡，天下無比。自言無欲，誰當念汝？』爾時，比丘聞此語已，擲鉢空中，飛騰而去。諸女見已，慚愧懺悔而作是言：『我等今者施沙門食，願於來世身得自在猶如沙門。』」

佛告諸女：「爾時諸女飯羅漢者，今汝等是。汝以善心施比丘食，二千劫中常不飢渴。坐前惡罵婬欲因緣，六十小劫墮黑闇獄。由前發願善心不滅，今遭我世得受五戒。乃是供養阿羅漢故，見舍利弗，不見我身。」

爾時，世尊說是語已，即於臍中出大蓮華，其大蓮華化成光臺，其光臺中有百千無數聲聞比丘，如舍利弗、目健連等，於佛光臺神通自在作十八變。諸女見已，心生歡喜，應時即以智慧火燒二十億洞然之結，得須陀洹道。諸優婆夷既得道已，見佛色身端嚴微妙，惟不見佛白毫相光。

佛告父王：「戲弄惡口，乃至得道，所見不明。是故諸人當勤護口，專心正意觀佛三昧，以見佛故，獲無量福。」

是時，世尊欲令大眾見佛色身了了分明，佛即化精舍如白玉山，高妙大小猶如須彌，百千龕窟於眾龕窟影現，諸像與佛無異。時佛前地有大蓮華，其華千葉，葉有千光，光千化佛，佛千弟子以為侍者。

佛告阿難：「佛滅度後，佛諸弟子若能割*損諸事，捐棄諸惡，繫念思惟佛常光者，佛不現在，亦名見佛。以見佛故，一切諸惡皆得消除，隨其所願，於未來世當成三種菩提之道。」

佛告阿難：「如此觀者，是名正觀；若異觀者，名為邪觀。」

佛說觀佛三昧海經卷第三

佛說觀佛三昧海經卷第四

東晉天竺三藏佛陀跋陀羅譯

觀相品第三之四

佛告父王：「云何觀如來放常光相？如來今者，為未來世諸凡夫人，當現少光，彼諸凡夫當學是觀，如是觀者亦如今日，見佛光相無有異也。」

爾時，世尊放肉髻光，其光千色，色作八萬四千支，一一支中八萬四千諸妙化佛，其化佛身身量無邊，化佛頂上亦放此光，光光相次，乃至上方無量世界。於上方界有化菩薩，如雲微塵從空而下圍遶諸佛。此光現時，十方微塵世界諸佛亦悉得見。此光直照諸佛頂上，諸佛放光，其光亦照釋迦文頂。

佛告阿難：「衆生欲觀釋迦文佛肉髻光明，當作是觀。作是觀者，若心不利，夢中得見，雖是心想，能除無量百千重罪。如是觀者，現身必見諸大菩薩，見菩薩故聞其說法，聞說法故得陀羅尼，其陀羅尼名旋憶持。如是觀者，名為正觀；若異觀者，名為邪觀。」

佛告父王：「云何名為觀於如來眉間光明？如來今者為此後世諸衆生故，當少現於白毫相光。」

作是語時，時佛眉間即放白毫大人相光。其光分為八萬四千支，⊙支亦八萬四千色，遍照十方無量世界，一一光色化一金山，一一金山無量龕窟，一一窟中有一化佛，結加趺坐入深禪定，聲聞、菩薩百千大衆以為眷屬。時佛窟中有諸化佛，皆放白毫大人相光，亦照十方無量世界，皆如金色，金色地上有金蓮華，金蓮華上皆有化佛，亦皆同號名釋迦文。諸佛眉間亦放此光，其光遍照十方世界，猶如百千億須彌山王共合一處，諸須彌山映現諸佛，佛身高顯與山正等。是等化佛眉間光明遶諸化佛滿七匝已，還入釋迦牟尼眉間。此光入時，佛身毛孔一毛孔中有一化像，一一化像身毛孔中，化成八萬四千妙像，皆是三千大千世界一切眾生所希見事，是名如來八十好中一好光明。如是八十隨形好光，說不可盡，如來少現白毫光明，父王所將眾中有八千人，遠塵離垢得法眼淨。

佛告阿難：「如來白毫相光，諸修多羅中佛已廣說，如是妙光惟佛*見佛，十地菩薩見不明了，是故此中少分而說，說少分者為凡夫人。佛滅度後，如是觀者，名為正觀；若異觀者，名為邪觀。此光除罪如向所說，惟見光者，心得了了見百億佛，見白毛者是心想見。

「云何觀如來額廣平正相？如來面上三輪相、髮際相如是眾相，一一相中皆出金光，其金色光化成金床，一一床上有千菩薩，拘樓孫馱為始，下逮樓至，是千菩薩皆放光明坐金床上。如是百億千萬菩薩，百億千萬金床，其金床上皆有寶帳，一一寶帳有千光明，一一光明成千寶幢，一一幢上千萬寶蓋，眾寶蓋下有諸寶幡，諸寶幡中無量化佛，是諸化佛皆說苦、空、無常、無我，說此偈時。一切化佛亦皆說此。釋迦文佛方身丈六，在行者前，舉其右手。而作是言：『善哉！

善哉！善男子！汝今能觀諸佛相好，我等先世行菩薩道，與汝無異。汝今能觀諸佛境界，此境界者，但是汝心妄想所生。』作是語已，即滅不現，額上諸光復更明顯，其光流出有百千億，一一光明照寶床上諸菩薩面，彼菩薩面亦出光明，照釋迦文。此相現時，行者真觀佛面，了了無疑。」

佛告阿難：「佛滅度後，佛諸弟子能如是觀真見佛面，與我住世等無有異，作此觀者，除却一億劫生死之罪，後身生處面見諸佛，生諸佛家，諸佛、菩薩以為眷屬。如是觀者，名為正觀；若異觀者，名為邪觀。

「云何觀如來鼻出光明？鼻出光明分為四支，上入佛眼、佛眉、佛睫，出大光明，其光𩅦𩆷如龍象形，遍照十方無量世界，入諸佛眼。此相見時，十方大明。是時行者見十方界地及虛空諸佛滿中，一一佛眼、眉睫、鼻孔放大光明，亦復如是。佛眼兩光其明遍照入諸佛眼，於虛空中化成光臺，其光臺上純是光雲，光雲青、白，世界無比，於青光中有青色化佛，於白光中有白色化佛，此青白色佛左右分明，百寶色光以為其雲，如神通人飛騰雲間。身諸毛孔猶如華樹，一一華樹上至梵世，諸華葉間有百千億聲聞比丘，一一比丘著千納衣，千納千色，一一色中百千化佛皆純金色。是諸比丘踊身雲中亦隨佛後，如大龍象行，其子隨從。」

佛告阿難：「佛滅度後，佛諸弟子若能正心觀佛眼光，即於現世重障得除，於當來世常得觀佛，不離佛日，雖處母胎，常入三昧。在母胎時，見十方佛皆放眼光來照其身，胎㲉中時常受妙法，況出於外。如是觀者，名為正觀；若異觀者，名為邪觀。

「鼻出二光，其光遍照十方世界，其一一光化成大水，其水住空流入諸光。此水入時，一切光明惟更明顯，一一光間出頗梨山，頗梨山間生七寶華，其華臺上踊出衆水，其水金色猶如金幢，其金幢內有百千萬無量化佛，一一化佛方身丈六，身毛孔中八萬四千上妙寶色，諸寶色中復放光明，其光微妙有恒沙色。」

佛告阿難：「佛滅度後，佛諸弟子作是觀者，除却千劫極重惡業，後世生處心無所著，不處胞胎，恒常化生。既化生已，身光具足，不離諸佛。如是觀者，名為正觀；若異觀者，名為邪觀。

「云何觀如來面門光明？其光白色猶如寶山，內外俱淨，於寶山內無量化佛真金精色。時諸化佛面門出光，其光五色遍照十方入諸佛面門。此相現時，行者行住坐臥，恒聞如來說四念處身受心法，并說境界令行者聞。聞已憶持閉目思惟，此光力故即得四念處法。時十方佛及釋迦文，於三昧中各申右手摩行者頂，而作是言：『善哉！善哉！善男子！汝能真實行念佛定。』如是觀者，名為正觀；若異觀者，名為邪觀。

「云何觀如來耳？耳出五光，其光千色，色千化佛，佛放千光。如是光明遍照十方無量世界化成一華，其華甚大，量不可知，除佛心力無能知者。是蓮華中百千萬億無量佛剎皆於中現，百千萬億諸大菩薩坐一蓮華鬚，華鬚不大，菩薩不小，亦不相妨。如是菩薩耳普垂睡，如金蓮華懸處日光，亦於耳中旋生五光。此相現時，佛耳中毛如帝釋樹眾所喜見。」

佛告阿難：「佛滅度後，佛諸弟子作是觀者，常聞百億千佛及諸菩薩說眾妙法不壞耳根。如是觀者，名為正觀；若異觀者，名為邪觀。

「云何觀如來頸相？頸相出二光，其光萬色，遍照十方一切世界。有諸眾生善根熟者，遇斯光明，悟十二緣，成辟支佛，此光照諸辟支佛頸。此相現時，行者遍見十方一切諸辟支佛，擲鉢虛空作十八變，諸辟支佛一一足下皆有文字，其字演說十二因緣：無明緣行，行緣識，識緣名色，名色緣六入，六入緣觸，觸緣受，受緣愛，愛緣取，取緣有，有緣生，生緣老死憂悲苦惱。一字一光，一光十二音，一音說苦、空、無常、無我，一音演說十二因緣。如是辟支佛足下光中皆有是字，逆順往復凡十二遍，是名生死之根本也。此光照諸辟支佛已，還入佛頸。作此觀者，不生人中，生兜率天，值遇一生補處菩薩為說妙法。既聞法已，身心歡喜，學諸菩薩觀緣起法。如是觀者，名為正觀；若異觀者，名為邪觀。

「云何觀如來缺瓫骨滿相？滿相光明遍照十方作虎魄色，若有眾生遇此光者，自然興發聲聞道意。是諸聲聞見此光明，分為十支，一支千色，十千光明光有化佛，一一化佛有四比丘以為侍者，一一比丘皆說苦、空、無常、無我，分別四諦，說八人義，說四果相，說三三昧，令彼眾生於此法中求出家法，出家不久成阿羅漢，如是光明遍照十方諸羅漢頂。照頂之時，如人執瓶灌藥入頂，其狀色貌猶如醍醐，從頂入已，貫徹表裏。

「爾時，行者身心安隱，其心恬然無有惡相，不見諸使及結相貌，如是霍然成阿羅漢。此光復變化金色蓋，其數無量，一一蓋中百千七佛，一一七佛有四比丘以為侍者，一一比丘入四大定，四大定中遍現一切結使相貌，八萬戶虫宛轉而出，小虫種類亦皆隨從。此相現時，火大先起，火大起者初如芥子，從毛孔出後漸漸長，遍燒諸身，身如火聚，諸虫鳴吼如師子聲。此聲出時，行者心怖迷悶躄地，出定見身，如野火行傍樹為燋。此相現時，復當起心作一藥想，先作身想，身想既成，開頂令空作梵王想，作帝釋想，作諸天手持寶瓶想，持藥灌想。藥入頂時，遍入四體及諸脈中，見脈及身如瑠璃筒，但見諸虫如萎死華。

「爾時，諸脈更相流注，惟有衆水，水至之處火則隨滅。是時行者節節水出如人仰射，水至梵際，水水相次至於梵天，見身中水如四大海。但見諸虫頭萎摧茹，手折足戾，惟心生火分為十支，火入衆水不相消滅，水光上衝，火光隨逐，水火二光皆從心出，互相交錯，上極三界頂，下至阿鼻獄。盡一世界際，純見水火流，東西南北火亦隨走。

「爾時，心端自然生一黑毛，於其毛端出大黑風，其風四色隨心根起，如旋嵐風，狀如烟焰。其風遍吹一切諸水，其水波動沫聚成蕷，火亦入中，得火力故，沫堅如冰。復有風來，吹諸塵穢九十八種惡不淨物，持置冰上，冰力弱故，隨不淨敗著處即解。此冰解時，八人執刀，斫冰段取各持而去，塵土坌污，心悶而臥，風火水等合聚一處，火力大故，燒壞衆物。有四惡蛇含一寶珠，從火焰出，凌虛飛逝，有六大龍，迎四小螭吞吸而走。龍頂生樹至無色界，有一小草細若秋毫，色正金色，從樹稭生下入樹根，從樹根生上入樹莖，從樹莖生散入枝葉，其華白色亦有紅赤，其果欲熟猶作四色，至八月半純黃金色。如此光明照諸聲聞，變化無量百千境界。如是觀者，名為正觀；若異觀者，名為邪觀。

「若有比丘入此定時，身如芭蕉無有堅實，出定之時，身體支節悉皆疼痺，若不服藥，發狂而死，應當隨時衆藥消息。作是觀者，除無數劫生死之罪，如大水流不久當得阿羅漢道。」

佛告阿難：「汝持佛語真實莫忘，為諸比丘當廣宣說。」說是語時，五百比丘得四大定，同時皆得四沙門果。

「云何觀如來胸*臆字万字相？腋下摩尼珠皆放光明，其光紅紫中有金華，其華開敷，化為無量百千萬億無數衆華，一一華上有無量佛。是諸化佛各有千光，光一化佛，其光五色。若有衆生遇此光明，狂者得正，亂者得定，病者得愈，貧窮者自然得寶，盲者得視，聾者得聽，啞者能言，癃跛疥癩皆得除愈，遍入十方諸佛頂上。入已，諸佛胸中有百千光，從万字生，一一光中歌百千偈，演說檀波羅蜜，如是衆光演說六波羅蜜，其偈無量，行者正坐，聞無量佛皆說是法。一一化佛遣一化人，端嚴微妙狀如彌勒，安慰行者而作是言：『善哉！善哉！善男子！汝繫念故見諸佛光，諸佛光中說無相施，說無相戒，說無相忍，說無相精進，說無相定，說無相慧。汝聞此法慎勿驚怖！過去諸佛繫念思惟，亦聞是法，亦解是相。解是相已，不畏生死，處大地獄阿鼻猛火盛不能燒，雖處地獄如遊天宮，是故万字名實相印。諸佛如來無量無邊阿僧祇劫學得此印，得此印故不畏生死，不染五欲。』」

佛告阿難：「佛滅度後，佛諸弟子見佛胸相光者，除却十二万億劫生死之罪，若不能見胸相分明者，入塔觀之。如是觀者，名為正觀；若異觀者，名為邪觀。

「云何觀如來臂𦟛纖圓如象王鼻相？手十指合鞔掌千輻*輪，各各皆放百千光明，一一光明分為千支，純作紅色。如是衆光遍照十方無量世界，照世界已化成金水，金水之中有一妙水如水精色，餓鬼見者除熱清涼，畜生見者自識宿命，狂象見者為師子王，師子見之為金翅鳥，諸龍見之為金翅鳥王。是諸畜生各見所尊，心生恐怖，合掌恭敬，以恭敬故，命終生天。衆人見者如梵天王，或如日月星辰，見已歡喜，命終生兜率天，行者見之，心眼即開。時十方界滿中化佛，一一化佛手出光明入行者眼，閉目開目恒見諸佛，自觀身相如妙寶瓶中有不淨。如是見者，雖未得通，遍至十方歷侍諸佛，見一一佛出手光明亦復如是。如是觀者，名為正觀；若異觀者，名為邪觀。

「云何觀如來臍相?如來臍中有萬億寶華，一一寶華萬億那由他葉，一一葉萬億那由他色，一一色萬億那由他光。此相現時，一切大眾見佛心相，如來心者如紅蓮華，金華映蔽，妙紫金光以為間錯，妙琉璃筒懸在佛胸，見佛身內萬億化佛，是諸化佛遊佛心間。佛臍出光，其光𩆜然如須彌山，眾山中間有無量寶山如須彌山，此眾華上皆有化佛，嚴顯可觀如須彌山，其光千種有十千色，分為十億支，億億支照下方，億億支照上方，億億支照東方，億億支照南方，億億支照西方，億億支照北方，億億支照東南方，億億支照西南方，億億支照西北方，億億支照東北方。如是十方各有諸華，華極小者猶如百億須彌山大，一須彌上有百億萬諸大菩薩，身極小者如須彌山。諸化菩薩臍中各生一大蓮華，其諸蓮華遍覆三千大千世界，一一華間有金色光，其光猶如閻浮檀金，一一金光化微塵數釋迦牟尼，一一釋迦臍中光明亦復如是。

「如是眾光合成光臺，其眾光臺亦有無量微塵恒沙諸大化佛，佛佛相次，放臍光明，其光大盛直照上方無量世界，復過是界。如是眾界數如三千大千世界無量微塵，是世界中皆有琉璃、頗梨億寶以為佛窟，是衆窟中各有萬億無量諸佛，諸佛臍中各各皆生一大蓮華，與前無異。是諸光明照諸一切十地菩薩，是諸菩薩遇斯光已，即入微妙首楞嚴門，復得入於金剛譬定。諸天遇者，深發無上正真道意，心眼開明，見諸佛相。如此光明照菩薩已，令諸菩薩身諸毛孔，一毛孔中出阿僧祇諸供養雲及衆供具，蓋極小者覆閻浮提。如是衆多雜寶供具，不可悉說，此諸供具從首楞嚴海生。」

佛告阿難：「若善男子、善女人作是思惟時，如是憶想者，夢見此事者，生生之處恒常值遇普賢、文殊。是法王子為衆行者夢中恒說過去、未來三世佛法，說首楞嚴三昧、般舟三昧，亦說觀佛三昧以為瓔珞，覺已憶持，無所忘失，此人現世功德天女以為給使，除却十萬億劫生死之罪。如是觀者，名為正觀；若異觀者，名為邪觀。

「億億光照下方，令下方地如閻浮提水色，於衆水中有恒沙寶樓，衆寶樓下有一寶城如乾闥婆城，於寶樓上有大寶樹，其樹枝葉一切火起，其火光焰上下俱燒，燒此衆水化成琉璃。琉璃地上復生諸樹，樹有四龍，其龍頂上有如意珠，其珠光明遍照龍身，令龍及樹純黃金色。其龍奮迅，龍諸毛孔出金色光，其光直照下方無量世界，復過下方，復照無量世界，令下方地皆作金色。金色地上有金剛華，金剛華上有金天女，一一天女百千天女以為眷屬。是諸天女皆讚慈心三昧海，從下方出直至上方迦毘羅城，其聲如雷，讚說慈心。說是語時，諸龍毛端出諸寶雲，一一雲中有恒沙佛剎，一一剎中塵數化佛，一一化佛出此光明。此光現時，下方世界有百萬金山，於其巖間百億寶窟，如雲踊起。是衆窟中純諸白佛，白妙菩薩及聲聞衆以為侍者，金精寶光在佛左右，猶如斷山衆寶映錯，有妙寶蓋如須彌山，無量寶成，一一寶間百億光明，迴旋宛轉。於衆光中有百億師子座，一一師子座上有百億那由他菩薩大衆結加趺坐。時彼菩薩身毛孔中有阿僧祇光，一一光中有一化佛，其身修圓如須彌山。是諸化佛以百千偈，讚說不殺慈為根本，慈是妙藥，除生死患，慈為淨目導諸天人。是諸化佛讚歎慈已，各作變化為琉璃山，於其山內百億菩薩，一一菩薩有萬梵王以為侍者到行者前，於寶山內異口同音皆說是法。告言：『善男子！汝於念佛海應修慈心，諸佛菩薩以慈心故，得佛大慈，汝今應當修不殺戒，行大慈悲。』爾時亦有天龍八部、一切衆生遇此光者，聞是語者，命終之後必生梵世。」

佛告阿難：「汝持此語，慎勿忘失！告諸比丘令行是事。佛滅度後，佛諸弟子若聞是語，思是法者，有正念者，有正受者，三昧不動者，心不懈退者，發大乘者，當知是人恒於夢中見此光明，亦聞化佛說慈心法。覺已憶持，深解義趣，思其義故，即得慈定。如是觀者，名為正觀；若異觀者，名為邪觀。佛滅度後，佛諸弟子思是法者，持是法者，當知是人其心清淨如諸佛心，除却億劫生死之罪，常生梵世，值遇諸佛請轉法輪。既聞法已，發菩提心，於未來世必成佛道。

「億億光照東方，乃至東方無量世界，令東方地白如雪山。於衆山上有白寶雲，其白寶雲狀如寶臺，衆寶羅網寶鈴萬億，衆鈴網間有一億白光。是諸白光化成金臺，一金臺上有四化佛，一一化佛四億菩薩以為侍者，佛與菩薩皆說慈法，讚歎不殺，凡千億偈。如是觀者，名為正觀；若異觀者，名為邪觀。」

佛告阿難：「佛滅度後，佛諸弟子如是觀者，除半億劫生死之罪。「億億光照南方，令南方地皆作紅色，此紅色光乃至南方無量世界，變成白雲，紅白分明。於衆雲間有諸化佛，白真珠色，毘琉璃光，上妙金華以為佛座。於金華上百億菩薩皆黃金色，百億寶光映蔽白雲，一一光中五百化佛，是諸化佛異口同音，亦讚不殺及大慈悲。如是觀者，名為正觀；若異觀者，名為邪觀。」

佛告阿難：「佛滅度後，佛諸弟子聞是法者，思是法者，觀是法者，此人恒於夢中見釋迦文放臍光明持以照之，此光明相如向所說，其人生處不處胞胎，恒生淨國，若生天上自然化生。

「億億光照西方乃至西方無量世界，其光雜色如月如星，衆星月間有七寶珠：一珠出水，一珠出火，一珠生樹，其樹七寶金剛為果，一珠生華。於月光中有梵宮殿，梵王眷屬及梵衆寶皆悉具足。其星光中，有摩醯首羅宮及其眷屬，一一天宮百萬億梵王，一一梵王，無量無數諸天大衆以為眷屬，摩醯首羅等數不可知。是諸寶珠出琉璃光，琉璃光內有真金像，其真金像坐白寶座，項佩赤真珠光，赤真珠光中有綠真珠化佛。是諸化佛及諸天衆，異口同音讚說不殺，勸進行者行大慈悲。」

佛告阿難：「如是觀者，名為正觀；若異觀者，名為邪觀。佛滅度後，佛諸弟子有憶想者，有思惟者，如此觀者，常於夢中夢見諸佛為說慈法，除却七億劫生死之罪。

「億億光照北方，乃至北方無量世界，令北方地皆珊瑚色，虎魄、玫瑰、真珠、馬瑙、頗梨等寶以為間錯。一一寶中有一億光，一一光化作一師子，師子背上有七寶蓋，其蓋高妙如須彌山，琉璃為竿，雜寶綵華以為莊嚴。一一華上有百億化佛，一一佛面如閻浮檀金色，髮紺琉璃色，身百億寶色，臂紅真珠色，爪真金色，手中相白蓮華色，鹿王蹲優曇華色，足下相毘楞摩尼色，從足下放五色光上至髮際，身諸毛孔皆有化光。一毛孔中有一億菩薩，一一菩薩臍有一大蓮華，其華高大如須彌山，百寶所成。華上有佛，其佛高大，與華正等，亦出臍光。此相現時，衆寶師子奮迅若鷲，師子衆毛一一毛端有百億佛刹，一一佛刹無量百億眾寶蓮華以為莊嚴。其蓮華上亦有百千大菩薩眾，是諸菩薩亦出臍相如上菩薩。如是菩薩眾色光明合成一山，其山高顯如真金臺，其臺四角有四梵幢，幢端皆有四億佛剎。一一剎中有百千塔，塔極小者，從閻浮提至於梵世，無數眾妙一切寶像以為莊嚴。是諸寶塔及化菩薩，皆共讚歎喜捨二法，若有眾生遇斯光者，得大智慧如舍利弗，總持不失猶如阿難。

佛告阿難：「佛滅度後，佛諸弟子欲見是相者，當發慈心，修不殺戒，普為十方一切眾生行是行者，雖不坐禪，恒於夢中得見眾色如向所說。」

佛告阿難：「持是語者，即持佛心，作是觀者，能觀佛心。諸佛如來以大慈悲而以為心，戒、定、慧、解脫、解脫知見而以為身，十力、四無所畏、十八不共法、大悲、三念處而自莊嚴。如是觀者，名觀佛心。」

佛告阿難：「此臍相中略而解之，佛心境界後自當說。如是觀者，名為正觀；若異觀者，名為邪觀。佛滅度後，佛諸弟子思是法者，持是法者，觀是法者，此人現世惡業罪障皆悉清淨。

「億億光照東南方，乃至東南方無量世界。化成金輪，一一金輪七寶隨從，一一金輪百億轉輪聖王，一一轉輪聖王千子、四兵皆悉具足。其神珠寶出大光明如烟如雲，一一光中有大蓮華，華華相合，合華之中出大日光，一一日光有金色象，菩薩化乘，乘象之時萬億瑞應不可宣說。諸菩薩光合成一佛，其佛金色身量無邊，亦出臍相，臍相光明亦如上說。諸光中人皆讚五戒，說十善法，諸轉輪王手執金輪宣十善法。」

佛告阿難：「如是觀者，名為正觀；若異觀者，名為邪觀。佛滅度後，佛諸弟子憶想是者，思惟是者，觀是法者，除却二十萬億劫生死之罪，常生天上，聞十善教。

「億億光照西南方，乃至西南方無量世界。至彼界已，其光如雨似雜色珠，一一珠中出百億光，一一光合成寶臺，一一臺角有十二須彌山，一一須彌山龕室無量，一一龕中有無量化佛，一一化佛有無量菩薩以為眷屬。是衆化佛及化菩薩，亦皆讚歎說十善法。如是觀者，名為正觀；若異觀者，名為邪觀。」

佛告阿難：「佛滅度後，佛諸弟子憶想是者，思惟是者，觀是法者，除十二億劫生死之罪。若欲往生他方淨剎，隨意無礙。

「億億光照西北方，乃至西北方無量世界，其光玉色，頗梨紅紫更相映飾。一一光中百億寶車，白車白馬，紫車紫馬，紅車紅馬，諸馬毛鬣皆真金色。如是車上有七寶軒，軒上皆悉有蓋，其蓋十層，於軒蓋中有千光明，寶鬘垂下，光明隨流，迴入車中化成化佛。佛身高顯萬億由旬，一一佛臍中出無數光，其光遍照無量化佛。遇此光者，永脫三塗，無三惡患。此光迴旋正立空中如雲上昇，一一雲間百千化佛，一一化佛百億弟子，如大迦葉勤修十二頭陀苦行，心無所著，厭離世間。如是觀者，名為正觀；若異觀者，名為邪觀。」

佛告阿難：「佛滅度後，佛諸弟子想是法者，思惟是法者，觀是法者，當知此人常見諸佛，速成大乘。除却十億劫生死之罪。

「億億光照東北方，乃至東北方無量世界，其光清淨無諸濁穢，如頗梨鏡內外俱現。於彼光中見十方佛，皆出臍相，一一佛臍光明遍照十方無量諸佛剎土，一一佛剎有微塵數化佛，一一化佛微塵數菩薩以為眷屬。如是菩薩臍相光明，猶如金柱，其金柱端，萬億天衣寶箱寶篋，譬如雲臺從空而下，一一箱篋萬億光明，一億光明合成一佛，一佛身中無量微塵無數化光。於諸光端有諸化佛，猶如芥子，此小佛身亦出臍相，如上所說。此臍光明遍照十方入諸佛臍，從諸佛臍出入諸菩薩胸，從諸菩薩胸出入諸聲聞頂，從諸聲聞頂出譬如大雲，無量金色衆寶間錯，入佛足下。入足下已，足下千輻輪相中出大光明，其光如華，華華相次，遶佛億匝，從赤銅爪足趺毛孔乃至頂髻。佛身諸毛如蓮華敷，一毛孔中有八萬四千蓮華，一蓮華上八萬四千化佛，一一化佛八萬四千諸大菩薩以為眷屬，一一菩薩眉間衆光，出妙音聲讚佛色身。」

釋迦文佛現此光已，告大王言：「如來色身分別色相，除佛心已，其餘境界，如向所現。」

佛說是已，爾時，父王即從坐起，正衣服為佛作禮，遶佛七匝，*胡跪合掌，白佛言：「世尊！如來身色一切覩見，惟佛心內有何境界？有何相貌？修行何事？佛心所念為是何物？佛心光明何所像類？」

是時，如來即便微笑，其舌相光如上所說，遶佛七匝從佛頂八。爾時，如來入解脫相三昧，令父王見，如琉璃窟，成真金像，真金像內於佛胸中如琉璃筒，從佛咽喉下。見如來心如紅蓮華，金華映飾，紅華金光，不開不合，團圓如心。八萬四千脈，一一脈如天畫師所畫之脈，一一畫中八萬四千光明，一一光明八萬四千種色，一一色中無量微塵數化佛，一一化佛坐金剛臺，其金剛臺放金色光明，其光無數不可具說。一一光中亦有化佛，數如上說，是諸化佛皆出廣長舌相上至髮際。一一佛舌有一億光，其光合聚為十千段，一一光上有百億化佛結加趺坐，入普現色身三昧，十方諸佛微妙色身，入此三昧海中。當佛入此三昧時，迦毘羅城及尼拘樓陀精舍，并閻浮提如大寶華，於華臺上有頗梨幢，頗梨幢端有頗梨鏡，十方無量諸佛淨國皆於中現。

時，會大衆覩見諸佛，或見佛身量同虛空純黃金色，或見佛身如須彌山四寶所成，或見佛身毘琉璃色長十丈者，或見佛身作白，銀色長百千丈，見釋迦文身故長丈六，或見七尺，或見三尺，或見遍至梵世，或見七寸，見入鉢支，諸鬼神等見如微塵，見如芥子，見如金粟。諸鬼見已，小身鬼等皆大歡喜。

佛說觀佛三昧海經卷第四

佛說觀佛三昧海經卷第五

東晉天竺三藏佛陀跋陀羅譯

觀佛心品第四

爾時，佛心如紅蓮華，蓮華葉間有八萬四千諸白色光，其光遍照五道眾生。此光出時，受苦眾生皆悉出現，所謂苦者：阿鼻地獄、十八小地獄、十八寒地獄、十八黑闇地獄、十八小熱地獄、十八刀輪地獄、十八劍輪地獄、十八火車地獄、十八沸屎地獄、十八鑊湯地獄、十八灰河地獄、五百億劍林地獄、五百億刺林地獄、五百億銅柱地獄、五百億鐵機地獄、五百億鐵網地獄、十八鐵窟地獄、十八鐵丸地獄、十八尖石地獄、十八飲銅地獄，如是等眾多地獄。

佛告阿難：「云何名阿鼻地獄？阿言無，鼻言遮。阿言無，鼻言救。阿言無間，鼻言無動。阿言極熱，鼻言極惱。阿言不閑，鼻言不住，不閑不住名阿鼻地獄。阿言大火，鼻言猛熱，猛火入心名阿鼻地獄。」

佛告阿難：「阿鼻地獄縱廣正等八千由旬，七重鐵城，七層鐵網，下十八鬲，周匝七重皆是刀林。七重城內復有劍林，下十八鬲，鬲八萬四千重。於其四角有四大銅狗，其身廣長四十由旬，眼如掣電，牙如劍樹，齒如刀山，舌如鐵刺。一切身毛皆出猛火，其煙臭惡，世間臭物無以可譬。有十八獄卒，頭羅剎頭，口夜叉口，六十四眼，眼散迸鐵丸如十里車，狗牙上出高四由旬。牙頭火流燒前鐵車，令鐵車輪一一輪輞化為一億火，刀鋒刃劍戟，皆從火出。如是流火燒阿鼻城，令阿鼻城赤如融銅。獄卒頭上有八牛頭，一一牛頭有十八角，一一角頭皆出火聚，火聚復化成十八輞，火輞復變作火刀輪如車輪許，輪輪相次，在火焰間滿阿鼻城。銅狗張口，吐舌在地，舌如鐵刺，舌出之時，化無量舌滿阿鼻地。七重城內有七鐵幢，幢頭火踊如沸踊泉，其鐵流迸滿阿鼻城。阿鼻四門，於門閫上有八十釜，沸銅踊出從門漫流，滿阿鼻城。一一鬲間有八萬四千鐵蟒大蛇，吐毒吐火身滿城內。其蛇哮吼如天震雷，雨大鐵丸滿阿鼻城。此城苦事八萬億千，苦中苦者集在此城。五百億蟲，蟲八萬四千嘴，嘴頭火流如雨而下，滿阿鼻城。此蟲下時，阿鼻猛火其焰大熾，赤光火焰照八萬四千由旬，從阿鼻地獄上衝大海沃焦山下，大海水滴如車軸許，成大鐵尖滿阿鼻城。

佛告阿難：「若有衆生殺父害母、罵辱六親，作是罪者，命終之時，銅狗張口化十八車，狀如金車寶蓋在上，一切火焰化為玉女。罪人遙見，心生歡喜：『我欲往中，我欲往中。風刀解時，寒急失聲，寧得好火在車上坐，然火自爆。』作是念已，即便命終。揮霍之間已坐金車，顧瞻玉女皆捉鐵斧，斬截其身，身下火起如旋火輪，譬如壯士屈伸臂頃，直落阿鼻大地獄中。從於上鬲如旋火輪，至下鬲際身遍鬲內，銅狗大吼，嚙骨唼髓。獄卒羅剎捉大鐵叉，叉頭令起，遍體火焰滿阿鼻城，鐵網雨刀從毛孔入，化閻羅王大聲告勑：『癡人獄種！汝在世時，不孝父母，邪慢無道，汝今生處名阿鼻地獄，汝不知恩，無有慚愧，受此苦惱，為樂不耶？』作是語已，即滅不現。

「爾時，獄卒復驅罪人，從於下鬲乃至上鬲，經歷八萬四千鬲中，捭身而過至鐵網際，一日一夜爾乃周遍。阿鼻地獄一日一夜，此閻浮提日月歲數六十小劫，如是壽命盡一大劫。五逆罪人無慚無愧，造作五逆，五逆罪故，臨命終時，十八風刀如鐵火車，解截其身，以熱逼故，便作是言：『得好色華清涼大樹，於下遊戲不亦樂乎？』作此念時，阿鼻地獄八萬四千諸惡劍林化作寶樹，華果茂盛，行列在前，大熱火焰化為蓮華在彼樹下。罪人見已：『我所願者今已得果。』作是語時，疾於暴雨坐蓮華上。坐已須臾，鐵嘴諸虫從火華起，穿骨入髓，徹心穿腦，攀樹而上，一切劍枝削肉徹骨，無量刀杖當上而下，火車爐炭十八苦事，一時來迎。此相現時，陷墜地下，從下鬲上身如華敷，遍滿下鬲。從下鬲起，火焰猛熾至於上鬲，至上鬲已身滿其中，熱惱急故張眼吐舌。此人罪故，萬億融銅百千刀輪，從空中下，頭入足出，一切苦事，過於上說百千萬倍；具五逆者，其人受罪足滿五劫。復有衆生犯四重禁，虛食信施，誹謗邪見，不識因果，斷學般若，毀十方佛，偷僧祇物，婬泆無道，逼*掠淨戒諸比丘尼、姊妹親戚不知慚愧，毀辱所親，造衆惡事。此人罪報，臨命終時，風刀解身，偃臥不定，如被楚撻，其心荒越發狂癡想，見己室宅男女大小，一切皆是不淨之物，屎尿臭處盈流于外。

「爾時，罪人即作是語：『云何此處無好城郭及好山林使吾遊戲？乃處如此不淨物間。』作是語已，獄卒羅剎以大鐵叉，擎阿鼻獄及諸刀林，化作寶樹及清涼池，火焰化作金葉蓮華，諸鐵嘴虫化為鳧鴈，地獄痛聲如詠歌音。罪人聞已：『如此好處，吾當遊中。』念已尋時坐火蓮華，諸鐵嘴虫從身毛孔唼食其軀，百千鐵輪從頂上入，恒沙鐵叉挑其眼睛，地獄銅狗化作百億鐵狗，競分其身，取心而食。俄爾之間，身如*鐵華滿十八鬲⊙中，一一華葉八萬四千，一一葉頭身手支節，在一鬲間，地獄不大，此身不小，遍滿如此大地獄中。此等罪人墮此地獄，經歷八萬四千大劫，此泥犁滅。

「復入東方十八鬲中，如前受苦。此阿鼻獄南亦十八鬲，西亦十八鬲，北亦十八鬲。謗方等經，具五逆罪，破壞僧祇，污比丘尼，斷諸善根，如此罪人具衆罪者，身滿阿鼻獄，四支復滿十八鬲中。此阿鼻獄，但燒如此獄種眾生，劫欲盡時，東門即開，見東門外清泉流水華果林樹一切俱現。是諸罪人從下鬲見，眼火暫歇，從下鬲起婉轉腹行，揨身上走到上鬲中，手攀刀輪。時虛空中雨熱鐵丸，走趣東門，既至門閫，獄卒羅剎手捉鐵叉，逆刺其眼，鐵狗嚙心，悶絕而死。死已復生，見南門開如前不異，如是西門、北門亦皆如是。如此時間經歷半劫，阿鼻獄死，生寒冰中，寒冰獄死，生黑闇處，八千萬歲目無所見，受大蟲身婉轉腹行，諸情闇塞，無所解知，百千狐狼牽掣食之。命終之後，生畜生中，五千萬身受鳥獸形，還生人中聾盲、喑啞、疥癩、癰疽、貧窮下賤，一切諸衰以為嚴飾。受此賤形*經五百身，後復還生餓鬼道中。餓鬼道中遇善知識諸大菩薩，呵責其言：『汝於前身無量世時，作無*限罪，誹謗不信，墮阿鼻獄，受諸苦惱不可具說。汝今應當發慈悲心。』時諸餓鬼聞是語已，稱南無佛，稱佛恩力，尋即命終，生四天處。生彼天已，悔過自責，發菩提心。諸佛心光不捨是等，攝受是輩，慈哀是等如羅睺羅，教避地獄如愛眼目。」

佛告大王：「欲知佛心光明所照，常照如此無間無救諸苦眾生。佛心所緣，常緣此等極惡眾生，以佛心力自莊嚴故，過算數劫，令彼罪人發菩提心。」

佛告阿難：「云何名十八寒地獄？寒地獄者，八方冰山，山十八鬲。復有十八諸小冰山，如頗梨色，此等寒冰滿冰山間，如凡蓮華，高十八由旬，上有冰輪，縱廣正等十二由旬，如天雨雹從空而下。世間自有無慈心者，劫奪無道，抄盜剝脫，凍殺眾生，此人罪報，欲命終時，一切刀風化為熱火。罪人作念：『我今云何不臥冰上，為火所逼？』作是念時，獄卒羅剎手執冰輪，如白鶴翔躡虛而至。罪人見已，除熱清涼，心便愛念，氣絕命終，生冰山上。既生之後，十八冰山如以扇扇，一切寒冰從毛孔入，十八鬲中遍滿一鬲，剖裂擗坼如赤蓮華，冰輪上下遍覆其身，八方冰山一時俱合，更無餘辭，但言阿羅囉。爾時，罪人即作是念：『我於何時，當免寒冰，生熱火中？』爾時，空中有諸鐵鳥，口嘴吐火從空中下，破頭啄腦，罪人即死。命終之後，獄卒復以鐵叉打地，喚言：『活！活！』應聲即穌。起已思念：『我今身上大火猛熾，願得前冰以滅此火。』獄卒復以冰輪迎接，置*餘獄中。如是十八鬲中無不經歷，此寒地獄壽命歲數，如四天王日月八千萬歲。罪既畢已，生賤人中，貧窮鄙陋，五百世中為人奴婢，衣不蔽形，食不充口。此罪畢已，遇善知識，發菩提心。」

佛告阿難：「云何名黑闇地獄？黑闇地獄者，十八重黑山，十八重黑網，十八重鐵床，十八重鐵縵。一一山高八萬四千由旬，*其鐵☆縵亦厚八萬四千由旬，一一縵間十八重黑鐵圍山，羅列如林𣟄闇此山。世間自有愚癡眾生，偷佛法僧燈明，偷盜父母、師長、和上，謗說法者，亦毀世俗論義師等，不忌尊卑，不知慚愧，以此罪故，命欲終時，眼有電光，睒睒不停。即作是念：『我有何罪，常見是火？』即閉兩目，不願欲見及日月光。命欲終時，獄卒羅刹擎大鐵床，張大鐵傘，如大隊雲乘空而至。爾時，空中無形有聲：『此處黑闇，汝欲往不？』罪人聞聲，尋即起心欲往彼所，氣絕命終，坐鐵床上，如鴈王翔落黑闇處。既入中已，刀輪上下斬剉其身，有大鐵烏嘴距長利，從山飛來擽啄罪人，痛急疾走，求明不得，足下蒺藜穿骨徹髓。如是慞惶經五百萬億歲，亦如四天王日月歲數，彼人頭打諸黑闇山，腦流眼出，獄卒羅剎以鐵叉叉還安眼眶。罪畢乃出，為貧窮人，眼目角睞，盲冥無見，或被癩病人所驅逐。如是罪報經五百身，過是以後，遇善知識，發菩提心。」

佛告阿難：「云何名為十八小熱地獄？十八小熱地獄者，如阿鼻獄亦七重城，七重鐵網，無量諸惡以為莊嚴。自有衆生不順師教，興惡逆心，不知恩養，盜師害師，污師淨食，坐師床座，捉師鉢盂，藏*去不淨，作五種惡。云何為五？所謂罵師、謗師、打師、殺師，以諸毒藥持以飲師。若沙門婆羅門，作諸非法害師謗師，此罪惡人無有慚愧，剝像破塔，劫法寶物，殺伯叔、父母、兄弟、姊妹，如是罪人命欲終時，阿鼻地獄十八獄卒，各以鐵叉擎一鬲獄，如是衆獄如大寶蓋，雨微細雨，雨渧如華。此人罪報熱惱入心，如火燒已，見雨清涼，即作念言：『願我得坐𨽻蓋之下，涼雨灑我，不亦樂耶？』作是語已，氣絕命終。如擲𣰽頃，即便坐於大劍床上，百億劍刃，刃皆出火，燒刺其身。空中寶蓋化為火輪，從上而下，直劈其頂，其身碎裂為數千段。上雨銅丸從毛孔入，獄卒羅剎以大鐵叉刺罪人眼，或以鐵箭射其心者，悶絕而死。須臾還活，坐劍床上，旋嵐猛風吹墮地獄。既入獄已，時閻羅王與宮殿俱在虛空中，告言：『獄種！汝作衆惡，殺師、謗師，汝今生處名拔舌阿鼻，汝在此獄當經三劫。』作是語已，即滅不現。此獄苦痛，如上所說。」

佛告阿難：「云何名十八刀輪地獄？刀輪地獄者，四面刀山，於衆山間積刀如塼，虛空中有八百萬億極大刀輪，隨次而下，猶如雨渧。自有衆生樂苦惱他，殺害衆生，命終之時，患逆氣病，心悶煩滿，心堅如石，即作是願：『得一利刀削此諸患，不亦快乎？』是時獄卒頂戴刀輪，翳令不現，至罪人所，卑言遜辭：『我有利刀，能割重病。』罪人歡喜，即自念言：『惟此為快。』氣絕命終，生刀輪上，如醉象走墮刀山間。是時四山一時俱合，四種刀山割切其身，不自勝持，悶絕而死。獄卒羅剎驅蹙罪人令登刀山，未至山頂，刀傷足下乃至于心，畏獄卒故，匍匐而上。既至山頂，獄卒手執一切刀樹，撲殺罪人，未死之間，鐵狗齧心，楚毒百端，鐵蟲唼食肉皆都盡。尋復唱活，腳著鐵輪，從空而下，一日一夜六十億生六十億死。如是衆多凡十八種，此人罪故，遂更增劇，如四天王壽八千萬歲。罪畢生世，墮在畜生，五百世中身供衆口。復五百世受卑賤形，然後乃遇大善知識，發菩提心。」

佛告阿難：「云何名劍輪地獄？劍輪地獄者，縱廣正等五十由旬，滿中劍樹，其樹多少數如稻麻竹葦，一一劍樹高四十由旬，八萬四千劍輪為葉，八萬四千劍輪為華，八萬四千劍輪為果，八萬四千沸銅為枝。世間自有愚癡衆生，樂殺無厭，如此罪人，臨命終時，遇大熱病，即作念言：『我今身體時熱時寒，舉身堅強猶如鐵。碪即作願言：『得金剛劍割卻此患，樂不可言。』是時獄卒即自化身，如己父母親友之形，在其人前而告之言：『我有秘法，如卿所念，當用相遺。』罪人聞已，心甚愛念，急急欲得。氣絕命終，如馬奔走生劍華中，無量劍刃削骨破肉，碎如豆許，復有鐵烏從樹上下挑眼啄耳，有大羅剎手捉鐵斧破頭出腦，鐵狗來䑛。死已唱活，驅令上樹，未至樹端身碎如塵，一日之中身經諸樹，一夜之中復經諸樹，一日一夜殺身如塵不可稱數。殺人罪故，受如此殃，經八萬億歲生畜生中，身常負重，死復剝皮。經五百世還生人中，貧窮短命，多病消瘦，過是已後，遇善知識，發菩提心。」

佛告阿難：「云何名火車地獄？火車地獄者，一一銅鑊縱廣正等四十由旬，滿中盛火，下有十二輪，上有九十四火輪。自有眾生為佛弟子，及事梵天九十六種，出家徒眾及在家者，誑惑邪命，諂曲作惡，如此罪人欲命終時，風大先動，身冷如冰，即作是念：『何時當得大猛火聚，入中坐者，永除冷病。』作是念已，獄卒羅剎化作火車如金蓮華，獄卒在上如童男像，手執白拂，鼓舞而至。罪人見已，心生愛著：『如此金華光色顯赫，照我令熱，必除寒冷。若得坐上，快不可言。』作是語已，氣絕命終，載火車上，支節火然，墮火聚中，身體焦散。獄卒唱活，應聲還活，火車轢身凡十八返，身碎如塵，天雨沸銅，遍灑身體，即便還活。如是往返，上至湯際，下墮鑊中，火車所轢，一日一夜九十億死九十億生。此人罪畢，生貧賤家為人所使，繫屬於他，不得自在，償利養畢，爾乃得脫。由前出家善心功德，遇善知識，為其說法，心開意解，成阿羅漢。」

佛告*阿難：「云何名沸屎地獄？沸屎地獄者，八十由旬，十八鐵城，一一鐵城有十八鬲，一一鬲中四壁皆有百億萬劍樹。地如刀刃，刃厚三尺，於其刃上百千蒺梨不可稱計，一一蒺梨及劍樹間生諸鐵蟲其數無量，一一鐵蟲有百千頭，一一頭有百千嘴，嘴頭皆有百千蚘蟲口吐熱屎，沸如融銅，滿鐵城內，上有鐵網鐵烏。世間自有眾生破八戒齋，污沙彌戒、沙彌尼戒，污式叉摩尼戒，自污淨戒，污比丘戒、比丘尼戒，污優婆塞戒、優婆夷戒，諸比丘、比丘尼、[1]優婆塞及優婆夷、沙彌、沙彌尼、式叉摩尼，如是七眾及餘一切污僧淨飯，污父母食，偷竊先噉，不淨手捉，及僧知事以自恃故污僧淨食，四部弟子以不淨身坐僧衹床，犯偷蘭遮，久不懺悔，虛食僧食，坐僧眾中與僧布薩。如是眾多無量不淨惡業罪人，臨命終時，舉身皆香如麝香子，不可堪處，即作是念：『當於何處不聞此香？如此香氣猶如狂風來熏我心。』作此念已，獄卒羅剎自化己身，猶如畫瓶中盛糞穢，至罪人所，以手摩觸，令彼罪人心生愛著。氣絕命終，猶如風吹墮沸屎中，墮已糜爛，眾蟲唼食，東西走時，削骨徹髓，飢渴逼故，飲熱沸屎。蚘蟲疽蟲啌其舌根，一日一夜九十億生九十億死。罪畢乃出，生貧賤家，繫屬於他，不得自在。設生世時，恒值惡王，屬邪見主，種種惡事逼切其身，瘻瘇惡瘡以為衣服。宿世聞法善因緣故，遇善知識，出家學道，成阿羅漢，三明六通具八解脫。」

佛告阿難：「云何名十八鑊湯地獄？鑊湯地獄者，有十八鑊，一一鑊縱廣正等四十由旬，七重鐵網滿中沸鑊，五百羅剎鼓大石炭，燒其銅鑊。此石火焰，焰焰相承，經六十日火不可滅，閻浮提日滿十二萬歲，如是鑊沸上湧如星，化成火輪，還入鑊中。自有眾生毀佛禁戒，殺生祠祀，為噉肉故焚燒山野，傷害眾生。生㷮眾生以火焚燒，如此罪人，欲命終時，身心煩悶，失大小便，不自禁制，或熱如湯，或冷如冰。即作是念：『得大溫水，入中沐浴，不亦樂乎？』獄卒羅剎化作僮僕，手擎湯瓮至罪人所。罪人心喜愛樂此瓮，氣絕命終，生鑊湯中。速疾消爛，惟餘骨在，鐵叉擽出，鐵狗嚼之，嘔吐在地。尋復還活，獄卒驅蹙，還令入鑊。畏鑊熱故，攀劍樹上，骨肉斷壞，落鑊湯中。殺生罪故，一日一夜恒河沙死恆河沙生。罪畢乃出，生畜生中，豬羊雞狗短命之處，無不經歷。如是受身八千萬歲，命終之後還生人中，受二種報：一者、多病，二者、短命。短命多病以為眷屬。過算數劫，遇善知識，受持五戒，行六波羅蜜。」

佛告阿難：「云何名灰河地獄？灰河地獄者，長二百由旬，廣十二由旬，下有利刀，岸上劍樹滿中猛火，厚十二丈。復有融灰以覆火上，厚四十丈。世間自有無慚衆生，偷盜父母，偷盜師長，偷盜善友、兄弟、姊妹，如是癡人無有慚愧，不識恩養，心無反復，貪利欲得，不識殃禍，不順師教。此人罪報欲命終時，氣滿心腹，喘息不續，即作是念：『我心如泥，氣滿胸中，得一微火爆我身者，不亦快乎？』獄卒羅刹應念即至化作妻子，手擎火爐微灰覆上，至罪人所。是時罪人心大歡喜，以歡喜故，氣絕命終，生灰河中。諸劍樹間有一羅刹，手執利劍欲來傷害，是人恐怖走於灰河，舉足下足刀傷其腳，劍樹雨刀從毛孔入，羅刹以叉叉其心出，躄地悶死，尋復還活。是人偷盜師長、父母罪因緣故，一日一夜五百億生五百億死，飢渴逼故，張口欲食，劍樹雨刀從舌頭入，劈腹裂胸，悶絕而死。由前聞佛法僧名故，罪畢之後，得生人中，貧窮下賤，覺世非常，出家學道，世無佛時成辟支佛，世若有佛成阿羅漢。」

佛告阿難：「云何名劍林地獄？劍林地獄者，八千由旬滿中劍樹，有熱鐵丸以為其果，如此劍樹高二十四由旬。自有衆生不孝父母，不敬師長，作惡口業，無慈愛心，刀杖加人，此人罪報臨命終時，心如胡膠處處生著，即作此念：『我心縛著觸事不捨，耽酒嗜色，身雖遇患，心猶不息。得一利刀割截此愛。』獄卒羅刹，應聲即至，化為侍者，執明鏡示語罪人言：『汝心多著，可觀此鏡。』觀此鏡時，見於鏡中有利劍像，即作是念：『我今體羸，不堪欲事，得此利劍割斷我心，不亦快乎？』作此念時，氣絕命終，受餓鬼身，諸劍樹間忽然化生。生已鐵丸從頂上入，從口而出，腸胃焦爛躄地。獄卒復以鐵叉打撲，驅令上樹，上一樹已，鐵嘴蟲噉，以恐怖故，踊身上樹。如是展轉悉經劍林，一日一夜八萬生八萬死。罪畢之後生飢饉世及疾疫劫，為人卑賤，口氣恒臭，人所惡見，過算數劫，遇善知識，發菩提心。」

佛告阿難：「云何名五百億刺林地獄？刺林地獄者，八千由旬滿中鐵刺，一一刺端有十二*鉤，樹上復有大熱鐵鉗。世間自有愚癡衆生，惡口、兩舌、綺語、不義語，調戲無節，枉說是非，說經典過，毀論義師。如此罪報，命欲終時，咽燥舌乾，即作此念：『得一利刺，刺頸出血，令衆脈間流注衆水，不亦快乎？』作是念時，獄卒羅剎化作父母手執月珠，珠頭生刺，持用擬口，如水欲滴。罪人歡喜：『我所願者，今已得果。』作是念已，氣絕命終，如大電頃生刺林間。既生之後，獄卒羅剎手執鐵鉗，拔舌令出，八十鐵牛有大鐵犁耕破其舌，刺林諸樹有風吹來，撲打其軀，一日一夜六百生六百死。過是已後，得生人中，脣哋面皺，語言蹇吃。如此罪人，體生諸創，膿血盈流，經五百世人所惡見。過是已後，雖有所說人不信受，遇善知識，發菩提心。」

佛告阿難：「云何名五百億銅柱地獄？銅柱地獄者，有一銅柱狀如大山，高六百由旬，下有猛火，火上鐵床，上有刀輪，諸刀輪間有鐵嘴蟲，鐵烏在傍。世間自有愚癡衆生貪惑滋多，染愛不淨，犯邪婬行，非處非時行不淨業。設有比丘、比丘尼、婆羅門等諸梵行者，若於非時非處犯不淨法，乃至一切犯邪行者，作不淨業。如此罪人臨命終時，舉身反強，振掉不定，猶如弓弩不自勝持，即作此念：『得一堅大銅鐵柱者，縛此身體令不動搖。』獄卒羅剎應時即至，化作僮僕，手執鐵杖，至罪人所，白言：『長者！汝今身強，餘物皆弱，可捉此杖。』心即歡喜，氣絕命終，如弄杖頃，生銅柱頭。猛火焰熾焚燒其身，驚怖下視，見鐵床上有端正女，若是女人見端正男心生愛著，從銅柱上欲投于地，銅柱貫身，鐵*網絡頸，鐵嘴諸蟲唼食其軀，落鐵床上。男女俱時六根火起，有鐵嘴蟲從眼而入，從男女根出。若污戒者，別有九億諸小蟲輩，如瘭疽蟲有十二嘴，嘴頭出火唼食其體，此邪婬報，一日一夜九百億生九百億死。罪畢乃出，生鳩鴿中，受鳩鴿身經五百世。復生龍中經五百身，後生人中，無根二根及不定根。黃門之身經五百世，設得為人，妻不貞良，子不慈孝，奴婢不順。過是已後，遇善知識，發菩提心。」

佛告阿難：「云何名五百億鐵機地獄？鐵機地獄者，有一鐵床縱廣正等四百由旬，上安諸捃，捃間皆有萬億鐵弩，鐵弩鏃頭百億鋒刃。世間自有愚癡衆生為貪欲故，不孝父母，不敬師長，不順善教，殺害衆生，食諸姦人，此人罪報命欲終時，身體振動，身諸六竅汁自流出。如此罪人，見自己床如兜羅綿，即生是念：『何時得一堅冷之處，安身臥眠，不亦快耶？』作是念時，獄卒羅刹以叉擎床，敷大榻氈至罪人所。罪人見已，心生歡喜，欲臥榻氈，氣絶命終，生鐵機上。萬億鐵捃關從下動，鐵捃低昂，無量鐵弩同時皆張，一一鐵箭射罪人心，一日一夜六百億生六百億死。如是罪人受罪畢已，生畜生中經五百世，還生人間，貧窮下賤，為人所使，多墮刑獄，恒受鞭撻。過是已後，遇善知識，發菩提心。」

佛告阿難：「云何名鐵網地獄？鐵網地獄者，八十九重諸鐵羅網，一一網間百億鐵針，一一鐵針施五關捃。世間自有虛妄衆生邪心諂曲，妖媚惑人，心懷蠹賊晝夜惡念，刹那刹那頃成就惡念。此人罪報臨命終時，身體搔痒，即作此念：『得一束針鑱刺疥蟲，不亦樂乎？』作是念時，獄卒羅刹化為良醫，手執利針，唱言治病。罪人心喜，氣絶命終，生鐵網間。捷身下過衆捃皆動，無量諸針射入毛孔，如是婉轉諸鐵網間，刹那頃死刹那頃生。罪畢乃出，生於邊地無佛法處，聞法，心不解了。」

亦不聞說世間善語，何況正法。雖生人中三惡道攝，過算數劫，遇善知識，雖得

佛告阿難：「云何名鐵窟地獄？鐵窟地獄者，餓鬼道中最上苦法。有一鐵山縱廣正等二十五由旬，山上復有五百萬億大熱鐵丸，一一鐵丸團圓正等十三由旬，山間復有百千刀劍。是時彼山東向開張有一小孔，如摩伽陀斗口，但出黑煙。世間自有愚癡眾生慳貪縛著，心如金剛，但樂求索，無有厭足，父母妻子悉不給與，師長教授視如糞穢，奴婢親友不施衣食，如是慳人不慮無常，護惜財物猶如眼目。此人罪報命欲終時，諸情閉塞，口噤不語，心中默念：『我死之後，是諸惡人食我財物如噉鐵丸，居我屋宅如處闇室。』作是念已，獄卒羅剎化為慳人，幻收財物至罪人所，以火焚之。罪人心喜，氣絕命終，生火山上，猶如融銅鑄鐵窟中。既入窟中，劍蟲、刀蟲唼食其軀，煙熏其眼，不見火炎，周慞惶怖，東西馳走，頭*戴鐵山，鐵丸上下，從頂而入，從足而出，一念頃死一念頃生。罪畢乃出，生餓鬼中，其身長大數十由旬，咽如針筒，腹如大山，東西求食，融銅灌

咽。經八千歲乃得苦畢，生食唾鬼、食膿鬼、食血鬼中。罪畢復生廁神豬狗。罪畢復生貧窮卑賤無衣食處，遇善知識，發菩提心。」

佛告阿難：「云何名鐵丸地獄？鐵丸地獄者，八十由旬滿中鐵城八十八鬲，一一鬲中有五刀山持用覆上，下有十八大惡鐵蛇，蛇皆吐舌，舌出鐵劍，劍頭火然。世間自有愚癡衆生毀辱布施，言施無報，勸人藏積。如是癡人向國王、大臣、沙門、婆羅門及一切衆⊙生說施無因，亦無果報。如此罪人臨命終時，頸強脈縮，迴轉不語，不熹見人，低視而臥，心中但念：『我積財寶，得與我俱，快不可言。』獄卒羅剎化作其妻，捉熱鐵丸化作寶器，在其人前語言：『我隨汝死，婉轉相著，終不相離。』氣絕命終，生鐵城中。東西馳走，鐵蛇出毒纏繞其身，節頭火然。即作是念：『願天愛我，降注甘雨。』應念即雨大熱鐵丸，從頂而入，足下而出。罪畢乃為貧窮、孤獨、喑啞之人，是人歲數如鐵窟說，遇善知識，發菩提心。」

佛告阿難：「云何名尖石地獄？尖石地獄者，有二十五石山，一一石山有八冰池，一一冰池有五毒龍。世間自有愚癡衆生、比丘、比丘尼、沙彌、沙彌尼、式叉摩尼、優婆塞、優婆夷，九十*六種諸梵志等，法說非法，非法說法，或犯輕戒久不懺悔，心無慚愧猶如猨猴。此人罪報命欲終時，心下氣滿，腹脹如鼓，飲食噎吐，水漿不下，即作是念：『得一石尖塞我咽喉，不亦快乎？』作是念時，獄卒羅剎化作良醫，幻捉石尖作大藥丸，著其口中，告言閉口。心生歡喜，氣絕命終生石山間。無量尖石從背上入，從胸前出，獄卒復以鐵叉叉口以石內中，一日一夜六十億死六十億生，此是生報。從此命終，墮黑繩地獄。黑繩地獄者，八百鐵鎖八百鐵山，竪大鐵幢兩頭繫鎖，獄卒羅剎驅蹙罪人，令負鐵山鐵繩上走，不勝落地，墮鑊湯中。羅剎驅起，渴急飲鐵吞石而走，一日一夜經歷是苦*九十萬遍。罪畢生世為人僮僕，遇善知識為說實法，如好白氎易染受色，得阿羅漢，三明六通具八解脫。」

佛告阿難：「云何名十八飲銅地獄？飲銅地獄者，千二百種雜色銅車，一銅車上六千銅丸。自有衆生慳貪嫉妒，邪見惡說，不施父母、妻子、眷屬及與一切，心生慳嫉，見他得利如箭入心。如是罪人欲命終時，多病消瘦，昏言囈語，口中自說：『欲得果食。』作是語時，獄卒羅剎化己銅車，滿車載果至罪人所，罪人得已，心生歡喜，即作念言：『得此美果，食不知厭，甚適我願。』歡喜踊躍，氣絕命終。未經幾時，生銅車上，不久即往生銅山間，銅車轢頸，獄卒羅剎以鉗柁口飲以烊銅，飲烊銅已迷悶躄地，唱言飢飢。尋時獄卒擘口令開，以銅鐵丸置其口中，呑十八丸節節火然，東西馳走經於一日，爾乃命終。獄卒唱言：『汝前身時諂諛邪見，慳貪嫉妒，以是因緣受鐵丸報。或曾出家毀犯輕戒，久不悔過，虛食信施，以此因緣食諸鐵丸。』此人罪報億千萬歲不識水穀。受罪畢已，還生人中，五百世中言語謇吃，不自辯了，以宿習故，食後噉炭及噉土塊。過是以後，遇善知識，發菩提心。」

佛說觀佛三昧海經卷第五

佛說觀佛三昧海經卷第六

東晉天竺三藏佛陀跋陀羅譯

觀四無量心品第五

爾時，世尊說是語時，佛心力故，十種白光從佛心出。其光遍照十方世界，一一光中無量化佛乘寶蓮華。時，會大衆見佛光明如頗梨水，或見如乳，見諸化佛從佛胸出，入於佛臍，遊佛心間，乘大寶船，經往五道受罪人所，一一罪人見諸化佛，如己父母善友所親，漸漸為說出世間法。

是時，空中有大音聲告諸大衆：「汝等今者應觀佛心，諸佛心者是大慈也，大慈所緣緣苦衆生。」

佛告阿難：「云何名慈心？慈心者，應當繫念緣苦眾生。苦眾生著，謂三惡道極苦惱者。」

佛說是語時，會大眾見於地獄、餓鬼、畜生。解脫相三昧力故，令諸眾生自識宿命，見受苦者，皆是前世無量劫中父母、師徒、諸善親友。

見已啼泣，為佛作禮白言：「世尊！我等今者因佛力故，見苦眾生悉是我等父母、師長。」

佛告大眾：「三界眾生輪迴六趣，如旋火輪，或為父母、兄弟、宗親，三界一切無不是汝所親之者，云何起意生殺嫉心？」

作是語已，淨飯王等一切大眾白佛言：「世尊！云何名為慈心三昧？惟願世尊，為我略說。」

佛告大眾：「夫慈心者，應當起想先緣所親，繫念之時，念已父母受諸苦惱。有不孝者，念已妻子所愛眾生受諸苦惱。有見眾生癩病癰瘡，見已作念，當云何救？一想成已，應作二想。二想成已，應作三想。三想成已，滿一室想。一室想成，已滿於僧坊。一僧坊成已，滿一由旬。一由旬成已，滿一閻浮提。閻浮提成已，滿弗婆提。弗婆提成已，滿三天下。如是漸廣，滿十方界。

「見東方眾生盡是其父，見西方眾生悉是其母，見南方眾生悉是其兄，見北方眾生悉是其弟，見下方眾生悉是妻子，見上方眾生悉是師長，其餘四維悉是沙門、婆羅門等。見是眾生皆受苦惱，或遇重病，或見在於刀山、劍樹、火車、爐炭，一切苦事見已，悲泣欲拔其苦。自作我想，乘寶蓮華詣諸人所，調身按摩為洗癩瘡，見地獄火，憂悲雨淚，欲滅其火。見諸餓鬼，刺身出血化作乳想，供給餓鬼令得飽滿。既飽滿已，為其說法，讚佛、讚法、讚比丘僧，作是讚已，益更憂悲心無暫捨。如是慈心極令通利，事事廣說如慈三昧，如是慈心名習慈者。

「既習慈已，次當行悲，悲者見眾受苦，如箭入心，如破眼目，心極悲苦，遍體雨血，欲拔彼苦。如此悲者，有百億門，廣說如大悲三昧。行慈悲已，次行大喜，見諸眾生安隱受樂，心生歡喜如己無異。既生喜已，次行捨法，是諸眾生無來去相，從心想生。心想生者，因緣和合假名為心。如此心想，猶如狂華從顛倒起，苦從想起，樂從想生，心如芭蕉中無堅實，廣說如經十譬。作是觀時，不見身心，見一切法同如實性，是名菩薩身受心法。依因此法廣修三十七助菩提分，若取證者，是聲聞法。不取證者，是菩薩法。」

作是語已，佛身光明益更明顯，從佛心端諸光明中生諸寶華，一一寶華恒沙寶華以為眷屬，一一華上無量無邊微妙化佛，方身丈六如釋迦文此相現時。佛身毛孔八萬四千諸寶蓮華，一一華上八萬四千諸大化佛身量無邊，如是化佛身諸毛孔，及心光明亦如向說。

如是光明遍照十方，從佛頂入，從佛眉間白毫相出。從白毫出，遍照十方猶如金幢。令十方地作真金色。卷諸化佛，入佛口中，從佛口出，亦照十方來入佛胸。從佛胸出，復照十方來入佛臍。此光入時，佛身之內如琉璃水澄清不動，三界五道一切眾生映現佛心。見諸化佛，乘大寶臺，猶如寶船遊佛身間，一一化佛讚說：「不殺、讚歎念佛、讚歎念法、讚歎念僧、讚歎念戒、讚歎念施、讚歎念天、讚六和敬、讚慈三昧，如此六念能生善法。此六念者是諸佛因，佛心者，是六念心。因六和敬而得此法，欲成佛道，當學佛心。」

說是語已，如來身光倍更明顯，佛身、化佛及寶蓮華數不可知，一一華光如雜華說。

「如是觀者，名為正觀。若異觀者，名為邪觀。佛滅度後，佛諸弟子修六念者，名念佛心。念佛心者，除十二億劫生死之罪，作是觀者生生之處，終不邪見，心不僻謬，恒得值遇無生菩薩。如是之人，若生邊地無佛法處，念佛功力自然悟解成辟支佛。」

爾時，世尊說是語已，還攝身光如本無異。

佛告父王：「如大人相白毫光明及一切相，有能逆觀、順觀、分別觀者，全觀圓光及丈六者，但發是心如見、不見除卻眾罪，如向所說。設有施主具五神通，得如意珠飛遍十方，十方世界一一世界眾生之數不可得知，但以無量無邊總為其數。如是眾生皆是羅漢，是大施主盡算數劫，供養賢聖，四事無乏，是人得福寧為多不？」

父王白言：「但使供養一方羅漢，得福無量，何況十方無量羅漢！」

佛告父王：「正使有人成熟邪見眾生，數如上說，皆令彼人得羅漢道，三明六通具八解脫，不如發心趣向佛慧，念佛須臾。」

佛說是語時，釋子眾中一億釋子發阿耨多羅三藐三菩提心，自誓不求聲聞、辟支佛道。白佛言：「世尊！諸佛身分乃至一毛無量化佛，諸聲聞身如焦敗種，為何所益！」

觀四威儀品第六之一

爾時，世尊於大眾中即便起行，足步虛空，父王觀見心甚歡喜，亦隨佛行。佛舉足時，足下千輻*輪相，一一輪相皆雨八萬四千眾寶蓮華，一一蓮華復化八萬四千億那由他華，一一蓮華化為一臺，一一華臺一一華葉，遍覆十方無量世界。一一蓮華八萬四千葉，釋迦牟尼足步虛空悉雨寶華，如是眾華復有無量微塵數佛足步虛空。父王見已，心大歡喜，得阿那含，五體投地為佛作禮。

時，會大眾皆覩此事，白佛：「世尊！十方世界無數化佛，何者真佛？誰是化佛？」

佛告大眾：「諸佛如來入空寂處，解脫三昧隨意自在，無有真化。所以者何？佛心空寂。復入空寂解脫光明王三昧，此定力故，諸佛如來化無邊身，無邊身者是薩婆若，薩婆若者名無著三昧，無著三昧故如來現行。若現乞食、若或經行，如是二法饒益眾生。若有眾生佛在世時見佛行者，步步之中見千輻輪相，除却千劫極重惡罪。佛去世後，三昧正受想佛行者，亦除千劫極重惡業。雖不想行，見佛跡者，見像行者，步步亦除千劫極重惡業。」

佛告阿難：「汝從今日持如來語遍告弟子，佛滅度後，造好形像，令身相足，亦作無量化佛色像，及通身光及畫佛跡，以微妙彩及頗梨珠安白毫處，令諸眾生得見是相，但見此相心生歡喜，此人除却百億那由他恒河沙劫生死之罪。」說此語已，如來還坐。

父王復問佛：「出世間有何利事，能令眾生得安樂耶？」

爾時，世尊告大王言：「舍衛城中須達長者，有一老母名毘低羅，謹勤家業，長者勑使守執庫鑰，出內取與，一切委之。須達長者請佛及僧供給所須，時病比丘多所求索，老母慳貪，瞋嫌佛法及與衆僧，而作是言：『我家長者愚癡迷惑，受沙門術，是諸乞士多求無厭，何道之有？』作是語已，復發惡願：『何時當得不聞佛名，不聞僧名，不見剃髮染衣之人？』如是惡聲一人聞已，復聞二人，展轉遍滿舍衛城中。末利夫人聞此語已，而作是言：『云何須達如好蓮華人所樂見，云何復有毒蛇護之？』作是語已，勑須達言：『遣汝婦來，吾欲與語。』阿那邠坻馳詣王宮，到作禮畢，卻住一面。末利夫人命令就座，坐已語言：『汝家老婢惡口誹謗，何不驅擯？』阿那邠坻跪白：『夫人！佛日出世多所潤益，鴦掘摩羅大惡之人，尼提賤人氣噓栴陀羅佛能調伏，何況老婢而不能調。』末利夫人聞是語已，心大歡喜：『我欲請佛，汝遣婢來。明日食時，請佛及僧於宮供養。』長者遣婢持滿瓶金摩尼珠蓋，勸助王家供養衆僧，告言：『可*往！汝持此物貢上王家。』婢聞是語，歡喜踊躍，持寶瓶走。末利夫人見彼婢來，『此邪見人佛當教化，我見此人受化之時，必獲法利。』

「爾時，世尊從正門入，難陀在左，阿難在右，羅睺羅在佛後。老母見佛，心驚毛竪：『可惡此人！隨我後至。』即時欲退，從狗竇出，狗竇即閉，四方小巷一時閉塞，惟正路開。老母覆面以扇自障，不憙見佛。佛在其前，令扇如鏡無所障礙，迴頭東視東方有佛，南視南方有佛，西視西方有佛，北視北方有佛，舉頭仰看上方有佛，低頭伏地地化為佛，以手覆面時手十指皆化為佛。老母閉目心眼即開，見虛空中一切化佛滿十方界。此相現時，舍衛城中有二十五旃陀羅女、五十婆羅門女及諸雜類，并末利夫人宮中合五百女，心生誹謗，不信佛法，見佛如來足步虛空，為於老母現無數身，心大歡喜，裂邪見網，頭腦頂禮世尊足下。

「爾時，世尊以梵音聲安慰諸女告言：『諸女！汝今可稱釋迦牟尼，稱我名故，觀我身相可得解脫。』作是語已，諸女同聲稱南無佛，佛放眉間白毫相光照諸女心。女見佛行威儀詳序，足下雨華猶如華蓋，化佛如林不可稱計。諸女見已，發阿耨多羅三藐三菩提心。老母見佛，邪見不信，猶能除却八十萬億劫生死之罪，況復善意恭敬禮拜。

「爾時，老母以得見佛，巷陌還開，疾走歸家，白大家言：『我於今日遇大惡對沙門瞿曇，在王宮門多衆之前，作諸妖幻。身如金山衆華映飾，目踰青蓮有萬億光不可具見。沙門善幻世間無比，大家年少可不憙見。』作是語已，入木籠中，以百張皮覆木籠上，白氎纏頭却臥闇處。

「爾時，世尊還祇陀林，末利夫人白言：『世尊！願化邪女，莫還精舍。』佛告末利：『此女罪重於佛無緣，於羅睺羅有大因緣，佛今日行，為其除罪。』作是語已，即還精舍，告羅睺羅：『汝詣須達大長者家度惡老母。』作是語時，千二百五十沙門皆作是言：『我等今日願欲隨從。』

「爾時，羅睺承佛威神入如意定，禮拜既畢，遶佛七匝，即自化身作轉輪聖王，阿難侍左，難陀侍右，千二百五十比丘化為千子；阿難為典藏臣，難陀為主兵臣，七寶四兵皆悉具足。時金輪寶在虛空中乘蓮華臺，徑往須達大長者家，夜叉唱言：『聖王出世，擯諸惡人，宣揚善法。』老母聞已，心大歡喜：『聖王出者，有如意珠，無所求索，此當可言。』

「爾時，聖王椎鍾鳴鼓，乘大寶輿至須達家。老母見已，甚大歡喜：『聖王出世多所潤益，識別善惡，必當不為沙門所惑。』從木籠出，敬禮聖王，聖王即遣主寶藏臣往至女所告言：『姊妹！汝宿有福應王者相，聖王今者欲以姊妹為玉女寶。』老母白言：『我身卑賤猶如糞穢，聖王顧問喜慶無量，何所堪任應玉女寶？若見念者，勅我大家，放我令脫，所賜已多。』

「爾時，聖王告須達言：『卿家老女衆相巍巍，吾今欲以充玉女寶。』須達白言：『惟命是從！願上大王。』老婢聞放，喜悅非常。聖王即便以如意珠照耀女面，令女自見如玉女寶，倍大歡喜而作是言：『諸沙門等高談大語，自言有道，無一效驗。聖王出世，弘利處多，令我老弊如玉女寶。』作是語已，五體投地，禮於聖王。時典藏臣宣王*教令揚十善法。女聞十善，心大歡喜，即作是念：『聖王所說義無不善。』為王作禮悔過自責，心即調伏。時羅睺羅還復本身，老母舉頭見千二百五十比丘，即作此言：『佛法清淨不捨衆生，如我弊惡猶尚化度。』作是語已，求受五戒。時羅睺羅為說三歸，受五戒法，母聞此法，未舉頭頃成須陀洹。地神歡喜從地踊出，告須達言：『善哉！長者！裂邪見網，如來出世正為此耳。』

「時羅睺羅將此老母詣祇陀林，到已見佛身相紫金色，歡喜合掌，為佛作禮，懺悔前罪，求佛出家。佛告羅睺：『汝將此母詣憍曇彌。』未至中間，羅睺為說苦、空、非常、無我等法，老母聞已，頭髮自落成比丘尼，三明六通具八解脫，身昇虛空作十八變。波斯匿王末利夫人，見此變化心大歡喜：『善哉！佛日出現世間破無明闇，能令邪見得應真道。』作是語已，為佛作禮白言：『世尊！如此老母宿有何罪，生卑賤處為人婢使？復何福慶值遇世尊？如好白氎易受染色，應時即得阿羅漢道。』」

佛告大王：「諦聽！諦聽！善思念之，如來為王分別解說。過去久遠無數劫時，有佛世尊名一寶蓋燈王如來十號具足，彼佛滅後於像法中，有王名曰雜寶華光，其王有子名曰快見，求欲出家，父即聽許。王子詣山到僧坊中求欲出家，時有比丘聰明多智深解實相，受為弟子。復有比丘名德華光，善說法要，誘進初學。王子比丘雖復出家，猶懷憍慢，和上為說甚深妙法般若波羅蜜大空之義，王子聞已，謬解邪說，比丘滅後即作此言：『我大和上空無智慧，但能讚歎虛無空事，願我後生不樂見也。我阿闍梨智慧辯才，願於生生為善知識。』王子比丘作是語已，法說非法，非法說法，教諸徒衆皆行邪見，雖持禁戒，威儀不缺，以謬解故，命終之後，如射箭頃墮阿鼻獄，八十億劫恒受苦惱。罪畢乃出，為貧賤人，五百身中聾癡無目，千二百身恒為人婢。佛說是時，末利夫人有五百婢，懺悔自責，發菩提心，願於來世解深空法。」

佛告大王：「爾時，和上者，今我身是；阿闍梨者，今羅睺羅是；王子比丘，此老母是；徒衆弟子，今日邪見女等，發菩提心者是。」佛說此時，舍衛城中二萬優婆塞，發菩提心得念佛定。常於定中見佛說法。

佛告父王：「邪見惡人見佛行時，尚得如此無量福德，何況觀佛行及像行者。」

父王白佛：「佛母摩耶生忉利天，佛今光相神通具足，云何當往為母說法？」

佛告大王：「如來當如轉輪聖王足行之法，從閻浮提上忉利天，問訊檀越為說妙法。」

爾時，會中有菩薩摩訶薩名曰持地，即從座起入首楞嚴三昧，三昧力故從金剛際，金剛為輪，金剛為根，金剛為花，花花相次出閻浮提。時四龍王難陀、跋難陀、阿耨達多、娑伽羅龍王等，各持七寶詣持地所，奉上七寶，為佛世尊作三道寶階，左白銀、右頗梨、中黃金，從閻浮提金剛地際上忉利宮。一一寶階七重欄楯，是諸欄楯百億寶成，百億光明。一一光明百億寶花，一一花中無量樂器自然踊出。

爾時，持地以恒河沙七寶蓮華敷佛蹈處，於階道側竪諸寶幢，無量寶幡懸其幢頭，百億寶蓋彌覆其上。忉利諸天雨曼陀羅華、摩訶曼陀羅華、曼殊沙華、摩訶曼殊沙華，嚴飾其間。

時梵天王手擎香爐，與萬梵俱侍立階側，一一香烟如琉璃雲，彌滿虛空，於其雲中百千妓樂不鼓自鳴。難陀龍等，持海此岸栴檀末香漫散道中，香光上出如金光焰，高一多羅樹化為金臺，無量諸天持天瓔珞嚴飾階道，如是供具不可稱計。

爾時，世尊於閻浮提執持三衣，告勅阿難、難陀、羅睺羅等五百比丘，足步大地，始舉足時，地六種動，下足之時，地生寶宮如梵王宮，宮宮相次懸在空中，隨*映佛後在階道側。持地菩薩并彌勒等一千菩薩一時合掌，以萬億音歌詠如來無量德行。爾時，梵王、無數百千諸梵天等，手擎香爐無量妓樂，以供養佛立侍左階，釋提桓因、無數天子百千天女鼓樂絃歌，亦立左階，無數聲聞、菩薩大眾侍立右階。爾時，世尊放大光明照階道邊，其光如雲百千億色猶如重閣，佛處其中八萬四千化佛圍繞，五百分身諸佛與佛政等，執持衣鉢威儀詳序，分身諸佛亦有阿難難陀以為侍者。

時魔波旬於虛空中與諸魔眾，讚誦妙偈歎如來功德，釋提桓因白摩耶言：「如來世雄！為報恩故，來至此處。」摩耶夫人聞佛已來，遣諸天女，持諸天寶及天妓樂曼陀羅華，在階道邊以迎世尊。

爾時，如來舉足下足無數宮殿，一一宮殿五百化佛結加趺坐，一一如來五百菩薩以為侍者。

爾時，五百分身諸釋迦文入忉利天宮，諸天歡喜而說此偈：

毘婆尸佛，　吉祥中尊，　亦放光明，　來至此處。
尸棄如來，　大吉祥尊，　化身無數，　來至此處。
毘舍滿月，　放白毫光，　普照一切，　來至此處。
拘樓孫佛，　面門出光，　照十方界，　來至此處。
迦那含佛，　化身無數，　放大光明，　來至此處。
迦葉世尊，　身如寶臺，　足步虛空，　來至此處。
釋迦牟尼，　分身五百，　無數化佛，　照耀一切，
來至此處。　彌勒菩薩，　賢劫尊者，　亦放光明，
當至此處。　此處吉祥，　安隱無為，　諸佛所遊，
牟尼生地，　名涅槃窟，　慧者智度。

爾時，世尊入忉利宮，即放眉間白毫相光，其光化作七寶大蓋覆摩耶上，七

寶飾床奉摩耶坐。佛母摩耶見佛入宮，合掌恭敬，為佛作禮。五百化佛一時申手，諸天扶持不聽禮敬，八萬四千諸化如來皆悉起立。爾時，摩耶夫人宮中自然踊出五百億光，此光明中有大寶臺，一一臺上有十方佛。如是諸佛，自說名字安慰佛母。東方善德佛持妙寶花，散釋迦牟尼及摩耶上，化成花蓋，此花蓋中百億化佛，合掌起立問訊佛母。南方栴檀德佛持寶蓮花，散釋迦牟尼及散佛母上，化成花蓋，於花蓋中無數化佛，合掌起立問訊佛母。西方無量明佛以寶蓮花，散釋迦牟尼及佛母上，化成花蓋，無數化佛合掌起立問訊佛母。北方相德佛以寶蓮花，散釋迦牟尼及佛母上，化成花蓋，無數化佛合掌起立問訊佛母。東南方無憂德佛，西南方寶施佛，西北方花德佛，東北方三乘行佛，上方廣衆德佛，下方明德佛，如是等佛各以寶花，散釋迦牟尼佛上及散佛母，化成花蓋，一一蓋中無數化佛，合掌起立問訊佛母。時忉利宮滿中化佛，佛母摩耶頂上自然出衆供具，無量幢幡供養諸佛。時幢幡中有妙音聲：讚佛、讚法、讚比丘僧。

佛告阿難：「是名如來從閻浮提昇忉利宮，色相光明諸神化事。佛滅度後，佛諸弟子若如是觀，是名正觀；若異觀者，名為邪觀。作此觀者，除一億劫生死之罪，臨命終時見十方佛，必生他方淨佛國土。」

佛告阿難：「汝持是語，為未來世諸衆生等當廣宣說。聞此語者，思是義者，當知是人十方諸佛之所覆護，命終必當生諸佛前。」

佛告父王：「云何名如來從忉利天，下閻浮提時光相變應？我初下時，無數天子、百千天女侍從世尊，獨見一佛圓光一尋放千光明，足步虛空，躡階而下。時佛光中七佛像現，從佛光出，導佛前行。時優填王戀慕世尊，鑄金為像，聞佛當下，象載金像來迎世尊。蓮華色比丘尼化作瑠璃山，結加趺坐在山窟中，無量供具奉迎世尊。爾時，金像從象上下猶如生佛，足步虛空，足下雨華，亦放光明來迎世尊。時鑄金像，合掌叉手，為佛作禮。爾時，世尊亦復長跪合掌向像，時虛空中百千化佛，亦皆合掌長跪向像。」

爾時，世尊而語像言：「汝於來世大作佛事，我滅度後，我諸弟子以付囑汝。」空中化佛異口同音，咸作是言：「若有衆生於佛滅後，造立形像，幡花衆香持用供養，是人來世必得念佛清淨三昧。若有眾生知佛下時種種相貌，繫念思惟必自得見。」

佛告阿難：「佛滅度後，佛諸弟子知佛如來下忉利天及見佛像，除却千劫極重惡業。如是觀者，名為正觀；若異觀者，名為邪觀。」

佛說觀佛三昧海經卷第六

佛說觀佛三昧海經卷第七

東晉天竺三藏佛陀跋陀羅譯

觀四威儀品第六之餘

佛告阿難：「云何如來至曠野澤伏鬼大將？我從舍衛祇陀精舍放金色光照舍衛城令作金色。舍衛國內有一長者，名曰財德，長者有子，年始三歲，父教其子令受三歸。散脂鬼神飢火所逼，入舍衛城接取嬰兒。爾時，嬰兒稱『南無佛。』，以稱佛故，鬼王口噤，不能得食，但眼出火以怖嬰兒。嬰兒見鬼形狀醜惡，胸有三面，臍有二面，兩膝二面，面如象面，狗牙上出，眼復出火，火皆下流。童子驚怖稱『南無佛、南無法、南無僧。』爾時世尊天耳遠聞，獨將阿難足步虛空，阿難在後，從佛不及。佛以神力化作寶華，其華光明接取阿難。阿難坐華。⊙上見閻浮提滿中化佛，一一化佛身滿三千大千世界，是諸化佛說三乘法，勸進菩薩修行念佛。阿難見聞，即憶過去九十億佛所說經藏，憶持不失。

「爾時，世尊到曠野澤，放眉間白毫大人相光。其光直照怖小兒身。小兒見光，如見父母，心無驚懼。時曠野鬼擧一大石厚十二丈，欲擲世尊，眼出雷電，雨雹如雨，一一雹下如赤雞子從空而下，未至佛上化成化佛，一一化佛入火光三昧，諸火光明燒曠野澤，大地洞然。鬼王不怖，擲石住空化成寶臺，臺中復有百億化佛，異口同音讚歎慈心，鬼猶不伏。時金剛神手奮金杵，揮大利劍，髭如劍竦，眼如電光，以金剛杵擬鬼王額，攘臂大叫，聲振天地。鬼王驚怖，抱持小兒，長跪上佛，白言：『沙門！唯願慈愛救我生命。』時金剛神化金剛杵為大鐵山，四面火起，繞鬼七匝，猛火炎熾焚燒鬼身。嬰兒擧手，勑鬼王言：『稱南無佛！我稱佛故，從死得生，汝今可稱南無諸佛。』爾時，鬼王驚怖失聲稱『南無佛。』白言：『瞿曇！可救護我。』

「爾時，世尊以梵音聲，猶如慈父安慰諸子，撫慰鬼王亦復如是。密迹金剛勅鬼王言：『汝今速伏，歸依佛法及與眾僧，汝若不伏，碎汝眷屬萬億八千令如微塵。』時曠野鬼以驚怖故，五體投地，為佛作禮，白言：『世尊！我恒噉人，今者不殺，當食何物？』佛勅鬼王：『汝但不殺，我勅弟子常施汝食乃至法滅，以我力故，令汝飽滿。』鬼王聞已，歡喜合掌，受佛五戒。受五戒已，見諸火山焰焰相次，變成化佛，滿曠野澤皆是化佛，一一佛後有一阿難，一一化佛異口同音皆說五戒。時曠野鬼白金剛神：『因大德故，得服甘露無上法味。』時金剛神擲杵空中，佛神力故，令金剛杵猶如百億金須彌山，一一須彌百億龕室，一一龕室百億化佛遊步經行，是諸化佛舉足下足，足下自然生七寶臺。一一臺上恒沙化佛結加趺坐。」

佛告大王：「佛滅度後，佛諸弟子欲知如來伏曠野鬼自在神通，如是觀者，名為正觀；若異觀者，名為邪觀。佛滅度後，若有眾生思是法者，觀是法者，得此想者，除百千億劫生死之罪，生生之處不受鬼身，值遇諸佛間無空缺。設無佛時遇辟支佛，無辟支佛恒遇仙人為說正道。」

佛告阿難：「汝今持是境界念想，為未來世一切衆生當廣宣說，是名諸佛神通境界。若失此事，則名謗佛斷菩提種。持是法者，鬼魅不著，恒為諸佛之所護助。」

佛告阿難：「云何名如來到那乾訶羅國？古仙山薝蔔華林，毒龍池側，青蓮華泉北，羅剎穴中阿那斯山巖南，爾時彼穴有五羅剎，化作女龍與毒龍通，龍復降雹，羅剎亂行，飢饉疾疫已歷四年。時王驚懼，禱祠神祇，於事無益。召諸呪師令呪毒龍，羅剎氣盛，呪術不行。王作是念：『得一神人，驅此羅剎，降是毒龍，唯除我身，其餘無惜。』

「時有梵志聰明多智，白言：『大王！迦毘羅城淨飯王子，其生之日萬神侍御，七寶降瑞，阿私陀相：「處國當為轉輪聖王，若不樂天下成自然佛。」今者道成號釋迦文，巨身丈六三十二相八十種好，足躡蓮華，項佩日光，身相端嚴如真金山。』

「王聞是語，心大歡喜，向佛生地自歸作禮：『若梵志語審實不虛，有佛出世名釋迦文，然我相法卻後九劫乃當有佛名釋迦文，云何今日佛日已興？云何不哀至此國界？』空中有聲告言大王：『汝莫疑！佛釋迦牟尼精進勇猛超越九劫。』聞是語已，復更長跪，合掌讚歎：『佛通明慧應知我心，願屈慈悲光臨此國。』

「爾時，香烟至佛精舍，如白琉璃雲，繞佛七匝，化作金蓋，其蓋有鈴出妙音聲，其聲請佛、請比丘僧。爾時，如來勅諸比丘：『諸得六通者，隨從佛後，受那乾訶羅王弗巴浮提請。』

「摩訶迦葉徒眾五百化作琉璃山，山上皆有流泉、浴池、七寶行樹，樹下皆有金床銀光，光化為窟。摩訶迦葉坐此窟中，常坐不臥，勅諸弟子行十二頭陀。其山如雲，疾於猛風，詣古仙山。大目揵連徒眾五百，化百千龍盤身為座，龍口吐火化成金臺七寶床座，寶帳寶蓋及諸幢幡皆悉備足。目連處中，如琉璃人表裏清徹，詣那乾訶。舍利弗以神通力，化作雪山白玉為窟，均提等五百沙彌，坐七寶窟圍繞雪山。時舍利弗坐白玉窟，如黃金人放金色光，其光雜色映耀雪山，敷揚大法，沙彌聽受，往詣彼國。

「摩訶迦栴延與其眷屬五百比丘化作蓮華，猶如金臺比丘處上，身下出水化為流泉，流諸華間水不滞地，上有金蓋彌覆比丘，亦往彼國。如是千二百五十大弟子，各有五百比丘作諸神通，如舍利弗、目揵連等，踊身虛空如鴈王翔，往詣彼國。

「爾時，世尊著衣持鉢勅語阿難持尼師檀。爾時，世尊足步虛空，佛舉足時，四天王、釋提桓因、梵天王、無數天子、百千天女繞佛七匝，為佛作禮，侍從佛後。

「爾時，世尊放項金光化作一萬八千諸大化佛，一一化佛復放光明，如此項光亦復化作一萬八千諸大化佛，佛佛相次，滿虛空中。如鴈王翔往至彼國。始到國界，王出奉迎，為佛作禮。爾時，龍王見世尊來，父子徒黨十六大龍，興大雲雷，震吼雨雹，眼中出火，口亦吐火，鱗甲身毛俱出烟焰，五羅剎女現醜惡形，眼如掣電，住立佛前。

「時龍王子見虛空中滿中化佛，白其父言：『父王吐火欲害一佛，試看空中有無數佛。』時龍吐毒心意猛盛，訶責其子：『惟有一佛，何處有多？』時金剛神手把大杵化身無數杵頭，火然如旋火輪，輪輪相次，從空中下，火焰熱熾猶如融銅，燒惡龍身。龍王驚怖，無走遁處，走入佛影。佛影清涼如甘露灑，龍得除熱，仰頭視空，滿空中佛一一如來放無數光，一一光中無量化佛，一一化佛亦放無數百千光明。

「時諸光中一切皆是執金剛神奮金剛杵，龍見諸佛極大歡喜，見諸金剛極大惶怖，合掌恭敬，為佛作禮，五羅剎女亦禮如來。時諸天子雨曼陀羅花、摩訶曼陀羅花、曼殊沙花、摩訶曼殊沙花而以供養，天鼓自鳴，諸天叉手空中立侍。時彼國王眷屬五千，燒眾名香，頭面禮佛請佛就座。時彼龍王從龍池出，獻七寶床，手擎敷置，白佛：『世尊！惟願救我！莫使力士傷害我身。』

「爾時，如來以梵音聲，猶如慈母撫鄭嬰兒，令彼龍王及羅剎女受法王化，請佛就座。爾時，國王復敷高床，氍氀毾㲪極細軟者，張白氎縵，真珠羅網彌覆其上，請佛世尊令處縵中。

「爾時，世尊舉足欲行，佛鹿王腨腨出五光，光有五色，繞佛七匝，如天妙花化成花帳，衆花葉間百千無數諸化菩薩，合掌讚偈有萬億音，空中化佛放腨光明亦復如是。十六小龍手執山石，霹靂起火來至佛所，大衆驚怖，入佛光中。爾時，世尊出金色臂，張合曼掌，指網曼間雨大寶花。大衆皆見化成化佛，唯諸龍見是金翅鳥欲搏噬龍，龍畏金翅，走入佛影，為佛作禮，叩頭求救。佛至縵前，勅阿難言：『敷尼師檀。』是時阿難即入縵中，先舉右手從左肩上取尼師檀，時尼師檀即復化成五百億金臺，七寶校飾。欲敷之時，即復化成五百億⊙金蓮華七寶莊嚴*正四角時，一角生五百億七寶蓮華，行行相次，遍滿縵內。

「爾時，世尊就七寶床結加趺坐，諸蓮花上皆有佛坐。時諸比丘見佛坐已，為佛作禮，右繞七匝，各敷坐具，比丘坐具皆悉化成琉璃之座。比丘就座時，琉璃座放琉璃光，作琉璃窟，諸比丘等入火光三昧身作金色。時彼國王見佛神變，歡喜合掌，遶佛七匝，為佛作禮，覩佛神化。應時即發阿耨多羅三藐三菩提心，勅諸臣下皆使發心。爾時，龍王怖畏金剛大力士故，亦發阿耨多羅三藐三菩提心，五羅剎女亦發菩提心。

「爾時，大王為佛及僧欲設中饍。佛告大王：『但辦食器，餘無所須。』王受佛勅，具諸寶器，佛神力故，令諸器內天須陀味自然盈滿。時諸大衆食是食已，自然得入念佛三昧，見十方佛身量無邊，復聞說法微妙音聲，其音純讚念佛、念法、念比丘僧。亦有廣說六波羅蜜，三十七品助菩提法。聞是語已，倍更歡喜，繞佛千匝。

「爾時，國王請佛入城，龍王怒曰：『汝奪我利，吾滅汝國。』佛告大王：『檀越先歸，佛自知時。』爾時，國王為佛作禮，逡巡而退。爾時，龍王及羅剎女五體投地，求佛授戒，佛即如法為說三歸五戒之法。龍王聞已，心大歡喜，龍王眷屬百千諸龍，從池而出，為佛作禮，如來應時隨龍音類為其說法，聞法歡喜，佛勅目連為其受戒。

「爾時，目連入如意定，即自化身作百千億金翅鳥王，一一鳥王足躡五龍，住在虛空。時諸小龍而作是言：『佛勅和上為我受戒，和上云何作恐怖像？』目連告曰：『汝於多劫不恐怖中橫生怖想，於無瞋恚生瞋恚想，於無害所橫生害想。我實是人，汝惡心故，見我是鳥。』

「爾時，龍王以恐怖故，自誓不殺，不惱眾生以發善心，目連即時還復本身，為說五戒。

「爾時，龍王長跪合掌，勸請世尊：『唯願如來常住此間，佛若不在，我發惡心無由得成阿耨多羅三藐三菩提。唯願如來留神垂念，常在於此。』慇懃三請，如是不止。時梵天王復來禮佛，合掌勸請：『願婆伽婆為未來世諸眾生故，莫獨偏為此一小龍。』百千梵王異口同音，皆作是請。

「爾時，如來即便微笑，口出無量百千光明，一一光中無量化佛，一一化佛萬億菩薩以為侍從。時彼龍王於其池中，出七寶臺奉上如來。『唯願天尊受我此臺。』爾時，世尊告龍王曰：『不須此臺！汝今但以羅剎石窟持以施我。』時梵天王無數天子先入窟中。時彼龍王以諸雜寶以莊挍窟。

「佛告阿難：『汝教龍王淨掃石窟。』諸天聞已，各脫寶衣競以拂窟。爾時，如來還攝身光，卷諸化佛來入佛頂。爾時，如來勅諸比丘皆在窟外，唯佛獨入自敷坐具。敷坐具時，令此石山暫為七寶。時羅刹女及以龍王，為四大弟子尊者阿難，造五石窟。

「爾時，世尊坐龍王窟不移坐處，亦受王請入那乾訶城。耆闍崛山、舍衛國、迦毘羅城、及諸住處皆見有佛。時虛空中蓮華座上無量化佛，一切世界滿中化佛。龍王歡喜，發大誓願：『願我來世得佛如此。』佛受王請，經七日已，王遣一人乘八千里象，持諸供具遍一切國供養衆僧，到處皆見釋迦文佛。信反白王：『如來世尊不但此國，餘國亦有，餘國諸佛皆說苦、空、無常、無我、六波羅蜜。』王聞是語，豁然意解，得無生忍。

「爾時，世尊還攝神足，從石窟出，與諸比丘遊履，先世為菩薩時，兩兒布施處，投身餓虎處，以頭布施處，剜身千燈處，挑目布施處，割肉代鴿處，如是諸處，龍皆隨從。

「是時龍王聞佛還國，啼哭雨淚，白言：『世尊！請佛常住。云何捨我？我不見佛，當作惡事，墜墮惡道。』爾時，世尊安慰龍王：『我受汝請，坐汝窟中，經千五百歲。』時諸小龍合掌叉手，勸請世尊還入窟中。諸龍見佛坐已窟中，身上出水，身下出火作十八變。小龍見已，復更增進堅固道心。釋迦文佛踊身入石，猶如明鏡人見面像，諸龍皆見佛在石內，映現於外。爾時，諸龍合掌歡喜，不出其池，常見佛日。

爾時，世尊結加趺坐在石壁內，衆生見時，遠望則見，近則不現，諸天百千供養佛影，影亦說法。時梵天王合掌恭敬，以偈頌曰：

如來處石窟，　踊身入石裏，　如日無障礙，　金光相具足。
我今頭面禮，　牟尼救世尊。

「爾時，世尊化五百寶車，佛處車中分身五百。爾時，寶車住虛空中，迴旋自在，車轂輞間百千光明，一一光明無數化佛，不動不轉到迦毘羅城，坐師子座如入三昧，一毛孔中有一佛出，一毛孔中還一佛入，如是出入滿虛空中，無量化佛結加趺坐，是名如來坐時境界。佛滅度後，佛諸弟子若欲知佛行者，如向所說，若欲知佛坐者，當觀佛影，觀佛影者，先觀佛像作丈六想，結加趺坐，敷草為座，請像令坐，見坐了了。復當作想作一石窟高一丈八尺，深二十四步，清白石想。此想成已，見坐佛像住虛空中，足下雨花。復見行想入石窟中，入已復令石窟作七寶山想。此想成已，復見佛像踊入石壁，石壁無礙猶如明鏡。此想成已，如前還想三十二相，相相觀之極令明了。此想成已，見諸化佛，坐大寶花結加趺坐，放身光明普照一切，一一坐佛身毛孔中，雨阿僧祇諸七寶幢，一一幢頭百千寶幡，幡極小者縱廣正等如須彌山。此寶幡中，復有無數百千化佛，一一化佛。踊身皆入此石窟中佛影臍裏，此想現時如佛心說。如是觀者，名為正觀；若異觀者，名為邪觀。佛滅度後，如我所說觀佛影者，是名真觀如來坐。觀如來坐者，如見佛身等無有異，除百千劫生死之罪。若不能見，當入塔觀一切坐像。見坐像已，懺悔障罪，此人觀像因緣功德，彌勒出世，見彌勒佛初始坐於龍華樹下結加趺坐，見已歡喜，三種菩提隨願覺了。」

「云何名觀如來行，詣拘尸那時降諸力士？」

佛告父王：「如來不久當於彼國入般涅槃。爾時，五百力士除妨路石，盡力士力不能令去。爾時，世尊化作沙門，以手挑石，石飛住空中，力士驚怖：『此石設墮，走避無所。』仰看空石皆成化佛，猶如金山諸佛圍繞。力士見已，心大歡喜。時化沙門倚臥樹下如人晝眠，有日光明從左脇出，如百億日入右脇中，一一日中有二寶樹，有大寶床諸佛臥上。如是光明遍照十方無量世界，一一世界無量諸佛，倚臥樹下皆有光明，從右脇入，左脇而出，如是光明變成寶臺。行者悉見十方世界有一寶臺，此寶臺上有一大佛，身量巨小與十方等，倚臥臺側。爾時，彼佛左脇流水如琉璃珠，一一寶珠如須彌山，一一山內百千臥佛，一一臥佛出大光明，亦如上說。右脇復出萬億乳河流注于下，渧渧化成百千化花，花有化佛臥蓮花上，各以右手灑甘露雨，令一切衆皆得服食，餓鬼衆生見此相時自然飽滿。

「爾時，空中有妙音聲，讚四無量心，然後分別空無境界，無心心想寂滅境界。作是觀者，名觀如來臥，觀如來臥者。先當觀臥像，見臥像已，當作是念：

『佛在世時，所以現臥，諸佛如來體無疲惓，但為降伏剛強力士及諸邪見不善眾生，或復慈愍諸比丘故，現右脇臥。』如來臥者，是大悲臥。欲觀佛臥，當行慈心，行慈心者，緣一切眾生見受苦時，不惜身分成熟安樂，受苦眾生令得無患。大悲心者，見諸眾生受苦惱時，如己父母、師長、善友，生悲哀心，淚如猛雨。如是等心，名為大悲。見他受樂，心生歡喜，譬如比丘得第三禪，是名為喜。捨者，一切眾生無眾生相，作是觀時，先觀自身地大是眾生耶？水、火、風大是眾生耶？色是眾生耶？受想行識是眾生耶？空是眾生耶？非空是眾生耶？如是眾生耶？非如是眾生耶？實際是眾生耶？非實際是眾生耶？有為空是眾生耶？無為空是眾生耶？如是分別解折時，不見眾生，不得眾生無眾生想，心無所著，亦無志求，解如是等清淨法者，名為行捨。」

佛告阿難：「若有眾生樂觀佛臥者，是則真觀清淨慈定。若有眾生聞佛臥法，及諸比丘隨順佛語，不壞威儀，右脇臥者，當知是人著慚愧衣服忍辱藥。如此比丘現世坐禪，見十方佛為說大法，若不坐禪，不毀戒故，於未來世見十方佛。

十方諸佛為說大法，聞法易悟，猶如壯士屈申臂頃，應時即得阿羅漢道，三明六通具八解脫。如來臥者，饒益眾生，以饒益故，名慈悲喜捨。此四法者，出生諸佛諸菩薩母。」

說是語已，佛於衆中舉身放光，前八萬四千，左八萬四千，右八萬四千，後八萬四千，*頂八萬四千。是諸毛孔，一一毛孔一毛旋生，一一毛端有百萬億塵數蓮花，一一蓮花上無量無數微塵化佛，諸化佛身高顯莊嚴如千萬億諸須彌山，一一佛臍中有五百萬億師子，一一師子吐五百萬億諸供養具，一一供具有五百萬億七寶花雲，一一寶花雲有五百萬億諸偈頌◎聲雲，聲聲相次猶如雨渧。

爾時，如來復更明顯八十種好，金色光明從白毫出，一一光明遍照十方化成諸佛。是諸世尊，行者無數，住者無數，坐者無數，臥者無數。是諸化佛說大慈悲，說三十七品助菩提分法，說六波羅蜜，說佛如來十力、無畏、十八不共◎法。此相現時，一億諸釋心無所著，悟無生忍，佛為授記：「於未來世過算數劫當得作佛，號三昧勝幢如來、應供、正遍知十號具足，次第作佛凡有一億。彼佛出時，娑婆世界清淨莊嚴，猶如聖伏幢世界光明佛剎，等無有異。是諸菩薩得佛道時，國土無有毀禁、亂意不善之名，純是菩薩，雖有聲聞，不謗大乘。」時諸釋子聞佛授記，心大歡喜，各脫瓔珞以散佛上。是諸瓔珞，當佛上住化成花樹，一一花樹有恒沙花，一一花上有恒沙寶樓，一一樓中有恒沙化佛，一一化佛演說八萬四千諸波羅蜜。

復有化佛教諸聲聞數息安般，流光白骨，白骨流光，心淨想，心不淨想，起結使想，滅結使想，斷使支想，殺使根想，如是諸想九百億塵數，如數息安般，說是名聲聞法。菩薩法者唯有四法，何等為四？一者、晝夜六時說罪懺悔，二者、常修念佛不誑眾生，三者、修六和敬心不恚慢，四者、修行六念如救頭然。

佛告父王：「如是等名未來世觀佛三昧，亦名分別佛身，亦名知佛色相，亦名念佛三昧，亦名諸佛光明覆護眾生。」

說是語時，天龍夜叉八部鬼神，十二億眾，發阿耨多羅三藐三菩提心，自發誓願：「願於來世常入三昧，見佛色身如今無異。」

時，梵天王、釋提桓因、無數天子為佛作禮，長跪合掌而白佛言：「世尊！我等今者得見如來色中上色，願當來世濁惡眾生，繫念思惟見佛色身，此願不虛，我今所說及我所見真實不虛，願令我等及諸天眾猶如佛身。」

作是語時，自見心中百萬光出，一一光明化成無量百千化佛，自見己身身真金色，猶如難陀等無有異。

時諸梵天白佛言：「如來世雄出現於世，必當利益一切眾生。昔弘誓願今已得滿，不捨眾生，此語不虛故，我自見心想境界，未來眾生亦當如是想佛真身。」

佛告梵天：「如汝所說真實不虛，未來眾生但發是念，得無量福身相具足，何況憶想。」

佛說是語時，淨飯王及諸釋子、比丘尼、優婆夷，同時俱起，禮佛而退。

爾時，父王還至宮中，為諸婇女說佛相好，千二百五十婇女聞佛白毫相，心生歡喜，除百萬億那由他生死之罪。空中有聲告諸女言：「汝聞佛相除諸罪咎，應發無上三菩提心。」聞是語已，即見空中無量諸佛。見諸佛已，亦皆同時得念佛定。時諸比丘，即從坐起敬禮佛足，繞佛七匝，却住一面。

爾時，阿難偏袒右肩，合掌長跪，白佛言：「世尊！佛說三十二相餘有一相，如來云何不顯說耶？」

爾時，世尊勅諸比丘各令還坐。爾時，世尊自化左右作五百億寶山，一一寶山有四佛坐，四佛世尊讚歎念佛。佛即微笑，口五色光舌十四光，如此光明化成一佛，其佛臍中流出五水，其色各異，一一色中有九億菩薩，一一菩薩頂上皆有梵摩尼光，光中皆有恒沙化佛，一一化佛臍中出水亦復如是，如是衆水流入佛臍，是諸化佛并化菩薩皆入佛臍。是時佛身表裏俱淨，過於淨妙勝琉璃珠。於佛身內有師子座，一一師子座如須彌山，一一座上有一如來，九十億菩薩以為侍者，是諸菩薩頂上諸佛如須彌山。如是十方無量諸佛臍中出水，皆與水俱來入釋迦文佛臍。時諸佛不大，釋迦不小，釋迦不大，諸佛不小，釋迦文佛身內心中有無量佛，一一佛不相障翳，舉身毛孔說念佛法。

時諸化佛各申右手摩阿難頂：「汝今善持觀佛三昧，莫使忘失一心憶念，為未來眾生開光明目。」

作是語時，過去七佛像住立空中，各申右手摩阿難頂，囑累是事。時虛空中有無數光，一一光中有無數化佛，異口同音囑累斯法。

佛說觀佛三昧海經卷第七

佛說觀佛三昧海經卷第八

東晉天竺三藏佛陀跋陀羅譯

觀馬王藏品第七

佛告阿難：「未來衆生云何當觀如來陰馬藏相？陰馬藏相者，我在家時，耶輸陀羅及五百侍女咸作是念：『太子生世多諸奇特，唯有一事於我有疑。』婇女衆中有一女子名修曼那，即白妃言：『太子者，神人也。毘陀經說：若有神人質性清淨，以梵行故，身根平滿。太子今者似梵行人，納妃多載，其諸婇女奉事歷年，不見身根，況有世事。』復有一女名曰淨意，白言：『大家！我事太子經十八年，未見太子有便利患，況*復諸欲。』爾時諸女各各異說，皆謂太子是不能男。太子晝寢，皆聞諸女欲見太子陰馬藏相。

「是時太子誓願力故，應諸女人，安徐轉身，內衣被發，見金色身光明晃耀，雙膝暫開，咸覩聖體，平如滿月，有金色光猶如日輪。諸女歡喜：『如此神人，實可敬愛，但於我等，世情望絕。』作是語已，悲泣雨淚。

「爾時，太子於其根處出白蓮華，其色紅白，上一下二三華相連，諸女見已，復相謂言：『如此神人有蓮華相，此人云何心有染著？』作是語已，噎不能言。是時華中忽有身根如童子形，諸女見已，更相謂言：『太子今者現奇特事，忽有身根如是漸漸如丈夫形。』諸女見此滿已，情願不勝悅喜。

「現此相時，羅睺羅母見彼身根花花相次如天劫貝，一一花上乃有無數大身菩薩，手執白花，圍繞身根，現已還沒如前日輪，此名菩薩陰馬藏相。如來今者成菩提道，是大丈夫具男子身，復當為汝顯現男相。」

佛告阿難：「汝未出家時，摩偷羅王有一乳母名頭牟婆，乳養彼王經十五載。王既長大，合掌長跪，從王求願，白言：『大王！我雖卑賤，乳養大王勤劬歷年，伏惟大王乞賜一願。』王白乳母：『欲求何等？』乳母即言：『在王宮中如功德天，一切無乏，唯闕一事。所謂女人情願所幸。』

「王白乳母：『當以乳母配一大臣，義同伉儷。』乳母不願，白言：『大王！貴人多事，非我所樂。願勅國內一切男子，十五已上，三十已還，皆悉從我。若能來者，我施彼人一大金錢，形醜陋者，當施銀錢。』

「時彼國王報乳母恩，造一高樓，宣令國內勅諸男子，如上所願，皆悉來集。經歷年歲，乳母衰老，多招諸女，遂有五百。一一女人復買諸婢，種種莊飾，數滿八千。

「時彼國王遘疾崩亡，太子紹位，智臣白言：『先王報恩，恣此老婢，令王國土加婬女村，損辱國望，實自不少。用此何為宜時擯徙？』

「白已出外，焚燒高樓，驅逐諸女。諸女惶怖，詣舍衛國。既到舍衛，於四衢道造立婬舍，作妖如前。舍衛大國多諸人衆，湊諸女家經一宿者，輸金錢二百。國有長者名如閻達，積財百億，長者有子名曰華德，兄弟三人遊蕩無度，競奔一藏金盡。

婬舍。始初一往，各各皆輸金錢十五，日日夜夜恒輸金錢過倍常人。經一月中，

「其父長者案行諸藏，見一藏空，問守藏者：『此藏中金為何所在？』典藏白言：『大家！諸子日日持金往婬女舍，若不制止，用金當盡。』長者聞已，椎胸大哭：『嗚呼賊子！破我家居。』手執大杖，打兒母頭。其歸號哭：『嗚呼賊子！生兒無益，偷金藏盡，父無訓範，素不嚴勑，見打何為？』長者瞋恚，號哭詣王，腹拍王前，白言：『大王！國內荒亂，摩偷羅國諸羅剎女，來住此城，破我家業。』王語長者：『汝甚大富，金藏猶盡，況餘凡下寧不困耶？』長者白王：『唯願！大王！速誅惡人。』王告長者：『吾受佛戒，猶不傷蟻，況欲殺人？』長者聞此，舉手拍頭，白言：『大王！臣聞王者誅罰惡人為國除患，當有何罪？今日大王與惡為伴，縱諸婬女壞亂正法，國荒民窮，戒將安存？』

「王告長者：『如來出世多所調伏，鴦掘摩羅、氣嘘旃陀羅、大力鬼王、羅剎魁膾一切皆化，今當詣佛啟白此事，卿可小忍。』安慰臣已，駕乘名象，與諸

侍從往詣祇洹，為佛作禮，繞佛三匝，合掌長跪，白言：『世尊！摩偷羅國諸婬女等，今來此間惑諸年少，願佛化之。』佛告大王：『却後七日，佛自知之。』時波斯匿王禮佛而退。

「佛告摩訶迦葉：『汝往⊙詣須達大長者家，可白檀越却後七日，佛詣試場化諸婬女。』須達聞已，歡喜踊躍，辦諸供具，作七寶華，高十一丈，置佛坐處，懸諸繒蓋，香汁灑地。其日已至，王擊金鼓，令諸國內諸論議師皆詣試場。須達長者請諸比丘、比丘尼、優婆塞、優婆夷，一切皆集，當設供養。明日時到，王與諸人詣論議場，長者如閻達遣旃陀羅喚諸婬女，須達長者亦白時到。

「是時如來勅千二百五十比丘：『汝諸比丘！各隨定意現大神通。』上座憍陳如與四比丘化作一窟，大如香山百千蓮華，一一華上有五比丘結加趺坐，身出金光令身金色，端嚴可愛猶如彌勒；復有化人作十八變，一一變中有十八比丘，作十八變神通可觀，中有入三昧者，中有經行者，光明迴旋，猶如金山生諸寶華；比丘在窟身心不散，飛到試場坐於上位。欝毘迦葉踊身空中化作六龍，蟠身相結為比丘座，在其座上作十八變飛至試場。伽耶那提兄弟二人，踊身虛空化作大石窟，入火光定作十八變飛至試場。大德摩訶迦葉著千納衣手擎鉢盂，執持威儀，足步虛空，步步之中化一寶樹，一一樹下有化迦葉，經行林中作十八變亦至試場。大智舍利弗踊身空中作十八變，身上出千日，光明赫奕，不相障蔽，身下出千月，如秋滿月，團圓可愛，作十八變飛至試場。大目揵連踊身空中，化作八萬四千師子座，一一師子閉目伏地白如雪山，大目揵連坐其背上，作十八變飛至試場。尊者優波離踊身空中，於虛空中敷尼師檀，結加趺坐入慈三昧，身諸毛孔流出金光，作十八變飛至試場。大迦旃延踊身空中，化作十五摩醯首羅，一一天子乘一牛王，頭上生華，大迦旃延處此華座，作十八變飛至試場。須菩提踊身空中，冥然不現，但聞語聲，說如是偈：

一切法如性，　無我無衆生，　亦無婬欲想，　當復教化誰？
諸法本無性，　亦無名字相，　愛著故起欲，　當復教化誰？

「說是語已，作十八變，飛至試場。時阿那律踊身空中，化萬梵王作諸梵宮，比丘處中作十八變飛至試場。羅睺羅、難陀時二比丘踊身空中化作寶樓，比丘處中入深禪定，作十八變飛至試場。如是千二百五十比丘，各現異變，亦作十八種神通飛至試場。

「爾時，世尊獨將阿難持尼師檀手執澡罐，世尊在前，阿難在後。從佛鉢盂中有六蓮華，一一蓮華放金色光，照舍衛國令作金色。澡罐水中有大金幢，其金幢頭有五百光，一一光明化千化佛，三十二相皆悉具足，足步虛空，飛至試場。波斯匿王及諸大眾，散華燒香為佛作禮，百千天樂不鼓自鳴，歌詠如來無量功德，波斯匿王長跪合掌，勸請如來令化婬女。佛坐華座為諸大眾，略說苦、空、無常、諸波羅蜜，諸女不受。

「時女眾中，有一婬女名曰可愛，告諸女言：『沙門瞿曇本性無欲，人言不男，故於眾中演說苦、空、毀欲、不淨。若有身分皆具足者，於大眾中應去慚愧如尼揵子，出身示我，審有此相，我等歸伏為其弟子。若無此相，虛說不淨，此無根人性自無欲，云何不說欲為不淨？』

「說是語已，如來爾時化作一象，如轉輪聖王象寶，時象腳間出一白華，猶如象支漸漸跓地。諸女見已，歡喜大笑，各相謂言：『沙門善幻，乃化作此。』佛復化作一馬王像，出馬王藏，如琉璃筒下垂至膝。諸女見已，*咸言：『是幻。』

「末利夫人見此化相，白諸比丘尼及優婆夷：『我等諸女宜各退還，婬女所說不可聽聞。世尊大慈！今欲化之必作異變，我等宜避。』禮佛而退。

「佛勅阿難：『汝告波斯匿王及諸比丘，各自遊戲。』波斯匿王白諸大德：『如來大慈，欲化婬女，我等今者宜各遠去。』作是語已，却行而退，唯此千二百五十比丘侍立佛後。佛告憍陳如：『將汝徒眾經行林中。』五百比丘大智舍利弗為眾上首，猶故合掌，侍佛左右。佛告舍利弗：『汝亦隨意與諸論師論講所宜。』五百比丘隨舍利弗後，至華林中，為波斯匿王更說四諦，唯阿難在。佛告阿難：『汝留坐具，汝亦宜去。』

「作是語已，是時世尊獨往女所。是時諸女見佛獨在，高聲大笑，白言：『沙門！汝今為有身分不耶？』佛言：『我具男身，是大丈夫。』諸女聞已，掩口而笑。爾時世尊敷尼師檀，金剛地神化作金床，七寶為腳在坐具下，佛坐其上，褋僧伽梨披僧祇支，示胸卍字令女見之。諸女見字，如百千男子年皆盛壯，顏貌奇特，甚適女意。佛復披泥洹僧，見佛身體泯然平滿，有金色光猶如千日。諸女見已，皆言：『瞿曇是無根人。』佛聞此語，如馬王法漸漸出現，初出之時，猶如八歲童子身根，漸漸長大如少年形。諸女見已，皆悉歡喜。時陰馬藏漸漸長大如蓮花幢，一一層間有百億蓮華，一一蓮華有百億寶色，一一色中有百億化佛，一一化佛百億菩薩無量大衆以為侍者。

「時諸化佛異口同音，毀諸女人惡欲過患，而說偈言：

若有諸男子，　年皆十五六，　盛壯多力勢，　數滿恒河沙，
持以供給女，　不滿須臾意。

「時諸女人聞此語已，心懷慚愧，懊*惱躄地，舉手拍頭，而作是言：『嗚呼惡欲！乃令諸佛說如此事。我等懷惡，心著穢欲，不知為患，乃令諸佛聞如此弊，猶如盛火焚燒我等。』說是語時，見虛空中一切化佛，廣為諸女說不淨觀，

所謂九想、十想、三十想、數息安般。諸女聞說不淨觀法樂禪定樂，不樂愛欲。爾時，世尊還攝身光，端坐金床，大眾雲集，還到佛所。

「波斯匿王白言：『世尊！如來出世多所利益，乃於此處現大光明，況餘身分無量功德。一切諸天在虛空中，亦讚如來百千梵行，如來梵行乃得如此，勝陰馬藏沒無處所，顯出金華化佛無數，是持戒報功德巍巍。』

「時諸女人聞此說已，四千女等發阿耨多羅三藐三菩提心，二千女人遠塵離垢，得法眼淨。二千女人於未來世過十二劫，次第當得辟支佛道。長者如閻達，見佛現化惡魔女人，讚言：『善哉！善哉！如來昔者破波旬軍，今化諸女與本無異。』」此相現時，無量諸天發菩提心。

波斯匿王所將士眾有五百人，求佛出家，鬚髮自落，身所著衣變成袈裟，應時即得阿羅漢道。是時大眾見馬王藏，心歡喜者，除五十億劫生死之罪，禮佛而退。

佛告阿難：『我昔夏安居時，波羅棕國有一婬樓，樓上有女名曰妙意，昔日於佛有重因緣，我與難陀及將汝，往此婬女舍日日乞食，此女於我不曾恭敬，於難陀所偏生愛著，已經七日，女心念言：『沙門瞿曇若能遣弟難陀、阿難，從我願言，我當種種供養沙門。』佛告阿難難陀：『汝從今日莫往彼村。』世尊自獨執鉢而行，至女樓所，一日至三日，放金色光化諸天人，此女不悟。後日世尊，復將阿難難陀，在樓下行，婬女愛敬二比丘故，遙以衆華散佛及二比丘。阿難告言：『汝可禮佛！』女愛阿難，應時作禮。

「爾時，世尊化三童子，年皆十五，面貌端正，勝諸世間一切人類。此女見已，身心歡喜，為化年少五體投地，敬禮年少，白言：『丈夫！我今此舍如功德天。福力自在衆寶莊嚴，我今以身及與奴婢，奉上丈夫，可備灑掃。若能顧納，隨我所願，一切供給無所愛惜。』作是語已，化人坐床，未及食頃，女前親近白言：『丈夫！願遂我意。』化人不違，隨己所欲即附近已，一日一夜心不疲厭，至二日時愛心漸息，至三日時白言：『丈夫！可起飲食。』化人即起，纏綿不已。女生厭悔白言：『丈夫！異人乃爾。』化人告言：『我先世法凡與女通，經十二日爾乃休息。』女聞此語，如人食噎，既不得吐，又不得咽，身體苦痛如被杵擣，至四日時如被車轢，至五日時如鐵丸入體，至六日時，支節悉痛如箭入心。

「女作念言：『我聞人說迦毘羅城淨飯王子，身紫金色三十二相，愍諸盲冥，救濟苦人，恒在此城常行福慶，放金色光濟一切人。今日何故不來救我？』作是念已，懊惱自責：『我從今日乃至壽終，終不貪色，寧與虎狼師子惡獸同處一穴，不貪色欲受此苦惱。』作是語已，復起飯食，行坐共俱，無奈之何。化人亦瞋：『咄！弊惡女廢我事業，我今共汝合體一處，不如早死，父母宗親若來覓我，於何自藏？我寧經死，不堪受恥。』女言：『弊物！我不用爾，欲死隨意。』是時化人取刀刺頸，血流滂沱，塗污女身，萎沱在地。女不能勝，亦不得免。死經二日，青瘀臭黑，三日膖脹，四日爛潰，大小便利及諸惡虫，迸血諸膿塗漫女身。女極惡厭，而不得離。至五日時，皮肉漸爛，至六日時，肉落都盡，至七日時，唯有臭骨，如膠如漆，粘著女身。女發誓願：『若諸天神及與仙人、淨飯王子能免我苦，我持此舍一切珍寶以用給施。』

「作是念時，佛將阿難難陀，帝釋在前，擎寶香爐燒無價香；梵王在後，擎大寶蓋，無量諸天鼓天妓樂，佛放常光明耀天地，一切大衆皆見。如來詣此女樓，時女見佛，心懷慚愧，藏骨無處，取諸白氎無量衆香，纏裹臭骨，臭勢如故，不可覆藏。女見世尊，為佛作禮，以慚愧故，身映骨上，臭骨忽然在女背上。女極慚愧，流淚而言：『如來功德慈悲無量，若能令我離此苦者，願為弟子，心終不退。』佛神力故，臭骨不現，女大歡喜，為佛作禮，白佛言：『世尊！我今所珍一切施佛。』佛為呪願，梵音流暢。女聞呪願，心大歡喜，應時即得須陀洹道。五百侍女聞佛音聲，皆發無上菩提道心，無量梵衆見佛神變得無生忍，*帝釋所將諸天子等，有發菩提心者，有得阿那含者。」

佛告阿難：「我昔初成道時，伽耶城邊住熙連河側，有五尼揵，第一尼揵名薩闍多，五百徒衆，餘四各有二百五十弟子。時諸尼揵自稱得道，來至我所，以其身根繞身七匝，來至我所，敷草而坐，即作是語：『瞿曇！我無欲故梵行相成，我之身根乃能如此如自在天，我今神通過踰沙門百千萬倍，沙門作一，我當作二。』

「即於地中化作一樹，以其身根絞繞著樹。滿七匝已，令樹雲霧如龍王氣，高聲大喚，舉手唱言：『瞿曇！我梵行相事驗如此，汝稱男子，言大丈夫，以何為證？』

「爾時，世尊化作寶枷，寶枷兩頭有十四珠，一一明珠有千光明，一一光明化成化佛，作十八變住立空中。世尊現化，倒住空中腳在枷上，時佛二足出千蓮華，一一蓮華萬億光明，一一光中有百億寶臺，一一臺中無數化佛，一一化佛各攝一腳，猶如卷琉璃令腳不現。一切化佛及釋迦文，悉懸一腳倒住空中，唯諸尼揵見佛倒住，無量天龍八部鬼神見佛世尊安坐講堂，敷演大法，所謂無相無我等法。

「時空有聲告諸尼揵：『佛已作一，汝可作二。』時諸尼揵即自騰擲，手搏樹枝，抱樹而立，盡尼揵術不能倒立。樹神現身，手搏其耳，罵言：『狂人！汝如小虫，敢與獸王師子共戰。汝向大喚，佛若作一，我當作二，佛今已住大神通力，汝何不為？』

「樹神罵已，地神堅牢即從地出住立空中，以大鐵鎖鎖尼揵腳倒懸空中，有五夜叉以杖撾之。尼揵痛急，目掣墜地，未至地頃有，一尼揵稱『南無佛。』世尊以手接取尼揵，令身不痛。時諸尼揵既至地已，妬心不歇，語地神言：『汝無慈心，偏為瞿曇，汝宿罪故，受夜叉身在此地下，今日復更無慈普愛，但為瞿曇困苦我等。』

「時恒河神飛住空中，手執大石告言：『尼揵！如汝癡人，服食牛糞，石灰塗頭，令髮褫落，裸形無恥，猶如驢馬，亦如貧龍不能潤益。如來佛日普照一切，汝今云何持黑闇身與日爭光？』爾時，水神唱是語已，勸請世尊伏諸尼揵。

「爾時，世尊告諸尼揵：『汝等不知如來身分，若欲見者，隨意觀之。如來積劫修行梵行，在家之時無邪欲想，心不染累，故得斯報，猶如寶馬隱顯無常，今當為汝少現身分。』

「爾時，世尊從空而下，即於地上化作四水如四大海，四海之中有須彌山。

佛在山下正身仰臥，放金色光，其光晃耀映諸天目，徐出馬藏，繞山七匝如金蓮華，華華相次上至梵世，從佛身出一億那由他雜寶蓮華，猶如華幢覆蔽馬藏，此蓮華幢有十億層，層有百千無量化佛，一一化佛百億菩薩，無數比丘以為侍者，化佛放光照十方界。

「尼揵見已，大驚心伏：『佛梵行相，乃至如此不可思議，形不醜惡，猶如蓮華。我今頂禮佛功德海，佛智無邊不可窮盡，受我懺悔，攝取我等。』

「作此語已，五百尼揵合掌叉手，長跪在地，求佛出家。

「佛言：『善來比丘！佛勅迦葉為辦衣服。』迦葉爾時至仙人所，告大仙人：『今日世尊伏諸尼揵，唯願仙士施少衣裳。』時諸仙人取好樹皮多羅樹葉裁縫為衣。

「時諸仙人師名曰光目，合掌叉手，告諸弟子：『佛德無量弘誓周普，乃攝受此著邪見人，我宜辦衣給裸形者，亦敬佛寶可脫諸苦。』

「說是語已，從迦葉後至世尊所，五百仙人見蓮華臺從佛身出如眾蓮華，圍繞須彌上至梵世。時諸仙人見此事已，歡喜合掌，敬禮世尊，諦觀世尊，目不暫捨。見佛眉間白毫相光，右旋宛轉，及見佛身一切衆相，作是思惟：『此相好者，必從前世無縛無著、無我無作、無心無識、無人無物、無施無受、清淨檀波羅蜜生，亦隨一切平等無相大智空慧般若波羅蜜生。』思是義已，應時即逮無生法忍。五百尼揵著僧伽梨，為佛作禮，未舉頭頃，應時即得阿羅漢道，三明六通具八解脫。一一尼揵誓願當度五百尼揵。」現此相時，無量諸天龍夜叉衆，見佛梵行清淨果報，身心歡喜，發阿耨多羅三藐三菩提心。

佛告阿難：「佛滅度後，天衆、龍衆、夜叉衆，沙門衆、婆羅門衆，問佛世尊：『過去世時清淨無欲修諸梵行，得何果報？』汝當答言：『佛有馬王藏相，與身平等七合盈滿，如金剛器中外俱淨，為度衆生出現是相，化佛光明，妙蓮華雲其數無量。』如此身者，從無數世無染安隱善持戒慧尸波羅蜜生。」

佛勅阿難：「佛滅度後，佛諸弟子欲觀如來陰馬藏相，當作是觀。如是觀者，是名正觀；若異觀者，名為邪觀。佛滅度後，佛諸弟子若有*繫心正念思惟佛梵行相化佛光明者，常於夢中見十方佛，此人生生恒修梵行，除却二十萬劫生死之罪。」

說是相時，夜叉衆中八千夜叉身心歡喜，讚歎如來無量德行，應時即發阿耨多羅三藐三菩提心。

佛說觀佛三昧海經卷第八

佛說觀佛三昧海經卷第九

東晉天竺三藏佛陀跋陀羅譯

本行品第八

佛告阿難：「如來有三十二大人相，八十種隨形好金色光明，一一光明無量化佛，身諸毛孔一切變現，及佛色身略中略者。我今為此時會大眾及淨飯王，略說相好。佛生人間示同人事，同人相故說三十二⊙相，勝諸天故說八十好，為諸菩薩說八萬四千諸妙相好佛實相好。我初成道摩伽陀國寂滅道場，為普賢、賢首等諸大菩薩，於雜華經已廣分別，此尊法中所以略說，為諸凡夫及四部弟子，謗方等經作五逆罪，犯四重禁，偷僧祇物，婬比丘尼，破八戒齋，作諸惡事種種邪見，如是等人若能至心一日一夜*繫念在前，觀佛如來一相好者，諸惡罪障皆悉滅盡。是故如來名婆伽婆，名阿羅呵，名三藐三佛陀，名功德日，名智滿月，名清涼池，名除罪珠，名光明藏，名智慧山，名戒品河，名迷衢導，名邪見燈，名破煩惱賊，名一切衆生父母，名大歸依處。若有歸依佛世尊者，若稱名者，除百千劫煩惱重障，何況正心修念佛定。

佛告阿難：「如來往昔無量無邊阿僧祇劫，以智慧火燒煩惱薪，修無相定，不非時證，是故獲得如是勝相，一一相中無量化佛，何況多相。若能係心觀一毛孔，是人名為行念佛定。以念佛故，十方諸佛常立其前，為說正法，此人即為能生三世諸如來種，何況具足念佛色身。如來亦有無量法身，十力、無畏、三昧、解脫諸神通事，如此妙處，非汝凡夫所學境界，但當深心起隨喜想。起是想已，當復*繫念念佛功德。念佛功德者，所謂戒、定、智慧、解脫、解脫知見、金色三十二相、八十隨形好、十力、四無所畏、十八不共法、大悲、三念處是。若有衆生一聞佛身如上功德相好光明，億億千劫不墮惡道，不生邪見雜穢之處，常得正見勤修不息，但聞佛名獲如是福，何況*繫念觀佛三昧。」

爾時，世尊說此語時，於虛空中有七寶臺，一一臺上有億寶蓋，天雨寶華供養釋迦牟尼佛。時文殊師利法王子，結加趺坐坐寶臺中，與十億菩薩住虛空中，讚言：「善哉！善哉！釋迦牟尼大悲世尊！說佛身相示佛威儀，現佛光明顯諸化佛，為未來世凡愚眾生不見佛者，作見佛因。善哉！阿難！慈悲法子！汝名歡喜依名定實，善持佛語慎勿忘失。未來眾生聞汝說者，即是見佛，思此義者，具足見佛微妙色身。」

爾時，文殊說此語已，與諸菩薩眷屬大眾從空而下，敬禮佛足，繞佛七匝，却住一面。

佛告文殊：「佛子！汝今在座作此觀時，地生蓮華縱廣正等滿一由旬，文殊師利及諸菩薩坐蓮華上。」

爾時，文殊師利法王子既已坐竟，白佛言：「世尊！我今自欲說於往昔本生因緣，唯願世尊加我威神。」

佛告文殊：「速說勿疑！」

文殊師利告諸大眾，對尊者阿難：「阿難！當知我念過去無量數劫，復倍是數不可思算阿僧祇劫，彼世有佛名寶威德如來、應供、正遍知、明行足、善逝、世間解、無上士、調御丈夫、天人師、佛、世尊。彼佛出時，眾生弊惡與今無異。彼佛世尊亦長丈六身紫金色，說三乘法如釋迦文。

「爾時，彼國有大長者，名一切施，長者有子名曰戒護，在母胎時母信敬故，豫為其子受三歸依。子既生已，年至八歲，父母請佛於家供養。童子見佛安行徐步，足下生華有大光明，見已歡喜，為佛作禮。禮已諦觀，目不暫捨，一見佛已，即能除却百萬億那由他劫生死之罪，從是已後，恒得值遇百億那由他恒河沙佛，於諸佛所殖眾德本。是諸世尊皆說如是觀佛三昧，亦讚白毫大人相光，勸多眾生懺悔係念。過是已後，復得值佛，名摩尼光多陀阿伽度、阿羅呵、三藐三佛陀。摩尼光佛出現世時，常放光明以作佛事度脫人民，如是二萬佛皆同一號名摩尼光，時諸世尊皆以化佛微妙光明誘接眾生。次復有佛名栴檀摩尼光十號具足，如是百億佛皆號摩尼光，是諸世尊誓願力故，正以眉間白毫相光，覆護衆生，除滅衆罪。復有佛出名栴檀海如來、應供、正遍知，如是百萬佛皆同一字名栴檀海，是諸世尊以胸德字卍字印光化度衆生。時彼童子親侍諸佛，間無空缺，禮拜供養，合掌觀佛。觀佛功德因緣力故，復得值遇百萬阿僧祇佛。彼諸世尊亦以身色化度衆生，從是已後，即得百千億念佛三昧，得百萬阿僧祇旋陀羅尼。既得此已，諸佛現前說無相法，須臾之間得首楞嚴三昧。時彼童子受三歸依，一禮佛故諦觀佛相心無疲厭，由此因緣值無數佛，何況係念具足思惟觀佛色身。時彼童子豈異人乎?今我身是。」

爾時，世尊讚文殊師利言：「善哉！善哉！文殊師利！乃於昔時一禮佛故！得值爾許無數諸佛，何況未來我諸弟子勤觀佛者。」

佛勅阿難：「汝持文殊師利語，遍告大衆及未來世衆生，若能禮拜者，若能念佛者，若能觀佛者，當知此人與文殊師利等無有異，捨身他世，文殊師利等諸大菩薩為其和上。」

說是語時，菩薩眾中有一佛子，名曰財首，即從座起，繞佛七匝，恭敬禮拜，亦禮文殊師利足，以天曼陀羅華、摩訶曼陀羅華、曼殊沙華、摩訶曼殊沙華而散佛上，及散文殊師利上，亦散尊者阿難。是諸天華當於佛上化為華臺，於華臺內有十方佛結加趺坐。

東方善德佛告大眾言：「汝等當知我念過去無量世時，有佛世尊，名寶威德上王如來、應、正遍知。彼佛出時，亦如今日說三乘法。時彼佛世有一比丘有九弟子，與諸弟子往詣佛塔，禮拜佛像，見一寶像嚴顯可觀，既敬禮已，目諦視之，說偈讚歎。隨壽脩短，各自命終，既命終已，生於東方寶威德上王佛國土，在大蓮華結加趺坐，忽然化生，從此已後，恒得值遇無量諸佛，於諸佛所淨修梵行，得念佛三昧海。既得此已，諸佛現前，即與授記：於十方面隨意作佛，東方善德佛者則我身是，南方栴檀德佛、西方無量明佛、北方相德佛、東南方無憂德佛、西南方寶施佛、西北方華德佛、東北方三乘行佛、上方廣眾德佛、下方明德佛，如是等十⊙方佛世尊，因由禮塔一讚偈故，於十方面得成為佛，豈異人乎？我等十方佛是。」

時十方佛從空而下放千光明，顯現色身白毫相光，各各皆坐釋迦佛床，各伸右手，摩阿難頂告言：「法子！汝師和上釋迦牟尼，百千苦行無數精進，求佛智慧報得是身，光明色相今為汝說。汝持佛語，為未來世天龍、大眾、比丘、比丘尼、優婆塞、優婆夷，廣說觀佛法及念佛三昧。」說是語已，然後問訊釋迦文佛起居安隱，既問訊已，放大光明，各還本國。

時會大眾見十方佛，及諸菩薩國土大小，如於明鏡見眾色像。財首菩薩所散之華，當文殊上即變化成四柱寶臺，於其臺內有四世尊，放身光明儼然而坐，東方阿閦、南方寶相、西方無量壽、北方微妙聲。時四世尊以金蓮華散釋迦佛，未至佛上化為華帳，有萬億葉，一一葉間百千化佛，化佛放光，光中復有無數化佛，寶帳成已，四佛世尊從空而下。坐釋迦佛床，讚言：「善哉！善哉！釋迦牟尼！乃能為於未來之世濁惡眾生，說三世佛白毫光相，令諸眾生得滅罪咎。所以者何？我念昔曾空王佛所出家學道，時四比丘共為同學，習學三世諸佛正法，煩惱覆心，不能堅持佛法寶藏，多不善業當墮惡道。空中聲言：『汝四比丘！空王如來雖復涅槃，汝之所犯謂無救者，汝等今當入塔觀佛，與佛在世等無有異。』我從空聲，入塔觀像眉間白毫相，即作是念：『如來在世，光明色身與此何異？佛大人相，願除我罪。』作是語已，如大山崩，五體投地，懺悔諸罪，觀佛眉間。懺悔因緣從是已後，八十億阿僧祇劫不墮惡道，生生常見十方諸佛，於諸佛所受持甚深念佛三昧，得三昧已諸佛現前授我記別：東方有國，國名妙喜，彼土有佛，號曰阿閦，即第一比丘是。南方有國，國名日歡喜，佛號寶相，即第二比丘是。西方有國，國名極樂，佛號無量壽，第三比丘是。北方有國，國名蓮華莊嚴，佛號微妙聲，第四比丘是。」

時四如來，各申右手摩阿難頂告言：「法①子！汝持佛語廣為未來諸眾生說。」三說此已，各放光明，還歸本國。

財首菩薩所散諸華住阿難上者，化成華雲遍滿十方，一一雲間無數化佛，各申右手摩阿難頂告言：「法①子！諸佛如來所有化身，亦如我等等無有異，汝今親見，當為未來一切衆生廣分別說，令諸衆生修行念佛。若念佛者，得見化佛與今無異，若有衆生聞汝所說，則為見佛除無量罪。」

爾時，財首菩薩白佛言：「世尊！我念過去無量世時，有佛世尊亦名釋迦牟尼，彼佛滅後有一王子名曰金幢，憍慢邪見，不信正法。知識比丘名定自在，告王子言：『世有佛像，衆寶嚴飾，極為可愛，可暫入塔觀佛形像。』時彼王子，隨善友語，入塔觀像，見像相好，白言：『比丘！佛像端嚴猶尚如此，況佛真身。』作是語已，比丘告言：『汝今見像若不能禮者，當稱南無佛。』是時王子合掌恭敬稱南無佛，還宮係念，念塔中像，即於後夜夢見佛像，見佛像故心大歡喜，捨離邪見，歸依三寶。隨壽命終，由前入塔稱南無佛因緣功德，恒得值遇九百萬億那由他佛，於諸佛所常勤精進，逮得甚深念佛三昧。三昧力故，諸佛現前，為其授記，從是以來百萬阿僧祇劫不墮惡道，乃至今日獲得甚深首楞嚴三昧。爾時王子，今我財首是也。」如是等諸大菩薩其數無量，各說本緣依念佛得，如本生經說。

爾時，世尊告諸大衆：「我念過去無數劫時，爾時有佛號栴檀窟莊嚴如來、應供、正遍知、明行足、善逝、世間解、無上士、調御丈夫、天人師、佛、世尊十號具足，在閻浮提諸德山中，於彼山中出家學道，足滿七劫成阿耨多羅三藐三菩提。爾時，彼世有二童子，多聞無厭，遊行國界問諸婆羅門。時有一婆羅門名牢度叉伽，告言：『童子！世間有佛名栴檀窟，汝等二人可詣彼所求論義法。』時二童子，長者名為一切喜見，第二童子名勇猛鎧，共詣佛所，各持天華共散如來。爾時，世尊寂然禪定，入三昧王三昧身心不動，普現一切諸佛色身，光明無數，如般若波羅蜜⊙所說。時二童子見佛色身及見光明，即時超越那由他恒河沙阿僧祇劫生死之罪，恒得值遇無量無數百千諸佛，於諸佛所修行甚深念佛三昧，現前得見十方諸佛，為其演說不退法輪。爾時，第一童子豈異人乎？今彌勒菩薩是。第二童子，今我釋迦牟尼是。我與賢劫諸菩薩，曾於過去栴檀窟佛所，聞是諸佛色身變化觀佛三昧海，以是因緣功德力故，超越九百萬億阿僧祇劫生死之罪，於此賢劫次第成佛，最後樓至如來，亦於此處說觀佛三昧。」

佛告阿難：「此觀佛三昧，是一切衆生犯罪者藥，破戒者護，失道者導，盲冥者眼，愚癡者慧，黑闇者燈，煩惱賊中是勇健將，諸佛世尊之所遊戲，首楞嚴等諸大三昧始出生處。」

佛告阿難：「汝今善持！慎勿忘失！過去、未來三世諸佛，是諸世尊皆說如是念佛三昧，我與賢劫諸大菩薩，因是念佛三昧力故，得一切智威神自在。如是十方無量諸佛，皆由此法成三菩提。」

爾時，尊者阿難佛神力故，自識宿命無數劫事，白佛言：「世尊！我念過去無數億劫，有佛世尊名日月燈明十號具足。我於彼世見佛如來放大光明，其光遍照十方世界，皆作金色，一一光中有諸化佛。我見是已，身心歡喜稱南無佛，從是以來，常得值遇百千諸佛聞佛說法，猶如瀉水置之異器，憶持不忘。是故我今得見世尊，親自供侍。」作是語已，說諸偈頌，讚歎諸佛微妙色身。

爾時，空中有無數佛皆現光明身，身毛孔中所出化佛如釋迦文，皆告阿難言：「法子！汝今持是觀佛三昧，廣為一切大衆分別，令諸凡夫種見佛因。」說是語已，化佛不現。

爾時，世尊為囑累此事故，住立空中威儀自在，作十八變顯一切光，告阿難言：「若有眾生欲觀佛者，當如此觀。」佛說此語時，十二億天子得念佛三昧，現前受記。

觀像品第九

爾時，會中有菩薩摩訶薩名曰彌勒，即從座起，偏袒右肩，頂禮佛足，脫身瓔珞奉上如來，以真珠華散佛世尊及文殊師利。所散瓔珞自然踊住於虛空中，化成八萬億寶臺，一一臺中有百億釋迦文佛，皆放光明，普現色身，山林河海一切眾生所有妙色，星宿、日月、諸須彌山，諸天、龍、神及諸宮殿亦於中現。五通神仙百億呪術，九十*六種諸邪見道，醫方、技藝、工巧、文詠，皆於一毛顯現此事。世間邪見穢欲眾生所希見者，亦於光明悉自踊出，地獄、畜生、諸阿修羅，八難、四倒諸不祥事，受報好醜亦於此相自得覺知。所散珠華住佛上者，化作百億白色光明；住文殊上者，化作百千億微妙色光。此諸光明互相交絡，如大龍王蟠身相向，一一光中五億寶光，如僧伽梨割截分明，以金色光縫持令住。縷出入處生四寶華，一一華中賢劫菩薩結加趺坐，十方諸佛及諸化佛坐寶蓮華，為此賢劫諸大菩薩說般舟甚深三昧，亦讚觀佛最初因緣，惟無三昧念佛境界金剛譬定。

說是法已，是諸如來各申右手，摩阿難頂告言：「法子！汝今應當善持佛語，慎勿忘失。」

爾時，彌勒菩薩白佛言：「世尊！惟願天尊大慈大悲，憐愍一切未來世中，多有眾生造不善業，佛不現在，何所依怙，可除罪咎？」

佛告彌勒：「阿逸多！諦聽！諦聽！善思念之。如來滅後多有眾生，以不見佛作諸惡法，如是等人當令觀像。若觀像者，與觀我身等無有異。」

說是語時，空中有華，十方諸佛住立空中，叉手合掌讚言：「善哉！佛子！善問此事。惟釋迦文救世苦者，為諸末後盲冥眾生說觀像法，今正是時，慎勿疑慮。」彌勒菩薩重更慇懃勸請世尊說觀像法。

爾時，世尊放常光明照尼拘樓陀精舍及十方國，皆作金色。佛神力故，令金色地分為二分，一一分中五百億佛，從下方界皆自踊出，住立空中，合掌讚歎彌勒菩薩摩訶薩言：「善哉！佛子！乃能憐愍未來眾生生末法者，勸請世尊說觀像相。」時諸化佛說此語已，踊身虛空作十八變。釋迦文佛即自微笑，笑時口中生大蓮華，其華有光，如合百億日月星宿，眾宿月間百億化佛，結加趺坐，坐師子床。

爾時，釋迦文佛告彌勒菩薩言：「諦聽！諦聽！善思念之。如來今者為未來世五苦眾生，犯禁比丘、不善惡人，五逆誹謗，行十六種惡律儀者，為如是等說除罪法。」

爾時，阿難白佛：「世尊！佛涅槃後，此等愚人無依無怙，無歸依處，云何如來說除罪法？」

佛告阿難：「汝於佛法心未具解，如我在世歸依我者，名歸依佛、名歸依法、名歸依僧。佛滅度後，濁惡世中，諸眾生等欲除罪咎，欲於現世得須陀洹至阿羅漢，欲發三菩提心，欲解十二因緣，當勤修習觀佛三昧。」

阿難白佛言：「世尊！如來在世眾生現見，觀佛相好，觀佛光明，尚不了了，況佛滅後佛不現在，當云何觀？」

佛告阿難：「佛滅度後，現前無佛，當觀佛像。觀佛像者，若比丘、比丘尼、優婆塞、優婆夷、天龍八部、一切眾生欲觀像者，先入佛塔，以好香泥及諸瓦土塗地令淨，隨其力能燒香散華，供養佛像。說已過惡，禮佛懺悔。如是伏心經一七日，復至眾中塗掃僧地，除諸糞穢，向僧懺悔，禮眾僧足，復經七日，如是供養心不疲厭。若出家人應誦毘尼極令通利，若在家人孝養父母，恭敬師長，調心令軟，心若不軟，當強折伏，令心調順，如調象馬不令失御。心柔順已，住於*靜處，燒眾名香，禮釋迦文而作是言：『南無大德我大和上應正遍知大悲世尊！願以慈雲覆護弟子。』作是語已，五體投地，泣淚像前，從地而起，齊整衣服，結加趺坐，繫念一處，隨前眾生。繫心鼻端，繫心額上，繫心足指。如是種種隨意繫念，專置一處，勿令馳散，使心動搖。心若動搖，舉舌拄腭，閉口閉目，叉手端坐，一日至七日令身安隱，身安隱已，然後想像。

「樂逆觀者，從像足指次第仰觀，初觀足指繫心令專，緣佛足指經一七日。閉目開目，令了了見金像足指。漸次復觀兩足趺上令了了見，次觀鹿王蹲，心既專已，次第至髻，從髻觀面若不明了。復更懺悔倍自苦策。以戒淨故，見佛像面，如真金鏡了了分明。作是觀已，觀眉間毫，如頗梨珠右旋宛轉。此相現時，見佛眉眼如天畫師之所畫作。見是事已，次觀頂光令分明了。如是衆相名為逆觀。

「順觀像者，從⊙佛頂上諸蠡文間，一一蠡文繫心諦觀，令心了了，見佛蠡文猶如黑絲右旋宛轉。次觀佛面，觀佛面已，具足觀身漸下至足，如是往返凡十四遍，諦觀一像極令了了。觀一成已，出定入定，恒見立像在行者前，見一了了復想二像，見二像已次想三像，乃至想十皆令了了。見十像已，想一室內滿中佛像間無空缺。滿一室已，復更精進燒香散華，掃塔塗地，澡浴衆僧，為父母師長案摩調身，洗浴身體，上塗足油。四方乞食得好美者，先上師長，分奉父母。作是行已，發大誓願：『我今觀佛，以此功德，不願人天、聲聞、緣覺，正欲專求佛菩提道。』發是願已，若實至心求大乘者，當行懺悔，行懺悔已，次行請佛，行請佛已，次行隨喜，行隨喜已，次行迴向，行迴向已，次行發願。行發願已，正身端坐繫念在前，觀佛境界令漸廣大，一僧坊中滿中佛像，方身丈六，足下蓮華圓光一尋，及通身光摩尼焰相，及衆化佛、化佛侍者，光明衆色，皆令了了。一僧坊已，令心復廣一頃地中滿中佛像，此想成已，心得安隱，身體悅樂，若行若*立，心想利故，見一頃地滿中佛像，香華供具及諸幢幡，皆隨像行。以心利故，左右前後盡見像行，心漸廣大，見百頃地滿中佛像，開目閉目，皆令心想，想想不絕，心心相續，如渴思飲。此想成已，見一由旬滿中佛像，漸增廣遠滿百由旬，見一切像三十二相八十隨形好，皆悉炳然。此想成已，想一閻浮提八千由旬滿中佛像。此想成已，次想東方弗婆提界八千六十由旬滿中佛像。此想成已，復想西方瞿耶尼界廣八千九百由旬滿中佛像。此想成已，復觀北方欝單越界一萬六千由旬滿中佛像。此想成已，復更廣遠見百閻浮提滿中佛像。此想成已，見百億四天下滿中佛像。此想成已，唯除食時、除便轉時，一切時中恒見佛像，虛空及地滿中佛像，像像相次，間無空缺。念想成已，身心歡喜，倍加精進，頂戴恭敬十二部經，於說法者起大師想，於佛法僧起父母想，令心調柔不起瞋想，設瞋恚時，當於般若波羅蜜前，五體投地，誠心懺悔。如上所說五法，次第應行。念想成已，閉目叉手，端坐正受，更作遠想，滿十方界見一切像，身純金色，放大光明。若有犯戒作不善者，先身犯戒及以今身，見諸佛像或黑或白，以懺悔故，漸見紅色，見紅色已漸見金色，見金色已身心歡喜，勸請諸像使放光明。起此想時，念想利故，見一切像舉身毛孔皆放光明，一一光明百億寶色，一一色中無量雜色，微妙境界悉自踊出，此念想成名觀立像。」

佛告阿難：「如是觀者，名為正觀；若異觀者，名為邪觀。餘相現者，別境界出，當疾除之。作是觀者，除却六十億劫生死之罪，亦名見佛。於未來世心想利故，值遇賢劫千佛世尊，為其和上，於佛法中次第出家。一一佛所見佛身相了了分明，聞佛說法，憶持不忘，於星宿劫光明佛所現前受記。麁心觀像尚得如是無量功德，況復繫念觀佛眉間白毫相光。」

說是語時，大梵天王、無量梵眾持諸天華奉散世尊，脫身瓔珞以奉上佛，其華如雲在空中住，所上瓔珞變成金臺，於金臺中有金色光，其光變為七佛尊像，端嚴微妙，色相悉具。

蠡髻梵王長跪合掌，勸請世尊而作是言：「如來大悲慈愍眾生！願為來世盲冥眾生，具足演說觀像*想法，令諸眾生依佛所說，恒得值遇諸佛世尊，得念佛三昧。三昧力故，令諸眾生遠離罪惡，以罪滅故現見諸佛。」

佛告梵王：「如是！如是！如汝所說。」

爾時，世尊復為來世諸眾生故，更說觀像坐法。

「觀像坐者，至心繫念令前立像足下生華，此華生時，當起想念，令此大地作黃金色，作七寶色。隨想而現，一一寶色黃金為界，一一界間生寶蓮華。作此想時，有寶蓮華千葉具足，應想而現。既見花已，請諸想像令坐寶華，眾像坐時，大地自然出大白光，如琉璃色白淨可愛，眾白光間百億菩薩白如雪山，從想像身毛孔中出，一一菩薩身毛孔中，出金色光其光如山，百千金色閻浮檀金，光明赫奕數不可知，應想而現。一一山頂有一想像高顯可觀，閻浮檀金色其光大盛，照十方界皆作金色，見地及空亦作金色。滿中金像、金光、金蓋、金臺、金華、金幡，見想菩薩純白玉色，手執白拂，有執白華，當起想念，極令鮮白，若餘雜想，異境界現，當疾除滅。若不除滅，隨逐餘想，隨他境界喜發風病，此念佛想，是大甘露利益眾生，觀佛三昧，如服良藥利益四大。服此藥者，不老不死。」

佛告阿難：「若有眾生欲觀像坐，當如是觀。作是觀者，名為正觀；若他觀者，名為邪觀。若有眾生觀像坐者，除五百億劫生死之罪，未來值遇賢劫千佛。過賢劫已，星宿劫中值遇諸佛數滿十萬，一一佛所受持佛語，身心安隱，終不謬亂，一一世尊現前授記，過算數劫得成為佛。」

爾時，世尊告阿難言：「若有眾生觀像坐已，當觀像行。觀像行者，見十方界滿中像行，虛空及地見一一像從座而起，一一像起時五百億寶華，一一華中有無數光，一一光中無數化佛隨心想現，坐像起立，未起中間。當動身時，眉間白毫旋舒長短，猶如真佛放白光明，為百千色映飾金光，眾白光間無數銀像身白銀色、銀光、銀華、銀蓋、銀幡、銀臺，悉皆是銀。時衆金像與銀像俱動身欲起，諸像臍中各生蓮華，其蓮華中踊出無數百千化佛，一一化佛放金色光照行者身。是時行者入定之時，自見己身三十六物惡露不淨，不淨現時，當疾除滅，而作是念：『三世諸佛身心清淨，我今學佛真淨法身，此不淨觀從貪愛生，虛偽不實，用此觀為？』作是念已，當自觀身，使諸不淨變為白玉，自見己身如白玉瓶，內外俱空。作是觀時，宜服酥藥，勿使身虛。此想成時，諸像皆起如前立住，見像立時，當作想念請像令行。像既行已，步步之中足下生華成蓮華臺，見十方界滿中行像供具妓樂，諸天大衆恭敬圍遶，行像放光照諸大衆令作金色；銀像放光照諸大衆皆作銀色；白玉菩薩放白玉光，令諸大衆作白玉色；雜色諸像放雜色光映飾其間。此想成已，更起想念：『請諸行像，皆令以手悉摩我頭。』爾時諸像各申右手摩行者頭。是時衆像放大光明照行者身，光照身時，行者自見身黃金色。此想成已，出定歡喜，復更至心禮敬諸佛修諸功德，以是功德迴向菩提。

「爾時，復當更起想念：『我今想見衆多金像，行坐隨意未見神通，起心作想請諸行像，及菩薩像作十八變。』應念即作十八種變，見滿十方一切衆像，踊身空中作十八變，威神自在，普現色身令行者見。見已歡喜，請一切像令轉法輪。應念即時一一衆像異口同音，讚歎持戒，讚歎念佛。想聞此已，心大歡喜，復加精進，以精進故，心想得成。心想成時，見十方界一切大地、山河、石壁皆悉變化為金剛地，金剛地上踊出白光，衆白光間無數化佛坐寶蓮華，一一化佛放無數億百千光明，一一光明復化無數百千化佛。此想現時，行者自見身諸毛孔出金色光遍照一切，若餘境起，當疾除滅。如此心想，疾於猛風，須臾之頃見無數化佛。行者心利，如明眼人執頗梨鏡自觀面像，行者觀像，亦復如是。此想成已，當作是念：『諸佛世尊住大寂滅，身心清淨無來無去。如我身者，四大五陰所共合成，如芭蕉樹中無堅實，如水上沫，如水中月，如鏡中像，如熱時焰，如野馬行，如乾闥婆城。』作是想已，諸像尋滅，有金色光，於金光間有金佛影，如鏡中像，行住坐臥四威儀中現一切色。此想成時，當念如來戒身，念戒身時，見諸佛影，眉間光明猶如白絲，空中清淨至行者前。行者見已，當作是念：『釋迦牟尼多陀阿伽度、阿羅訶、三藐三佛陀，過去世時以大戒身而自莊嚴，是故今日得戒、定、慧、解脫、解脫知見。』作此念時，釋迦文佛坐琉璃窟，身紫金色端嚴微妙，與諸比丘菩薩大衆以為眷屬，住行者前，告言：『法子！汝修觀佛三昧力故，我以涅槃相力示汝色身，令汝諦觀。汝今坐禪，不得多觀。汝後世人多作諸惡，但觀眉間白毫相光，作此觀時，所見境界如上所說。』爾時，一念情無所著，心大歡喜，應時即得念佛三昧。念佛三昧者，見佛色身了了分明，亦見佛心一切境界，亦如上來觀佛心說，亦見佛身一切光明，亦如上觀佛身光說。亦見佛身一切毛孔，一一毛孔悉生八萬四千蓮華，一一華中復有八萬四千化佛，佛佛相次滿十方界。

「爾時，釋迦牟尼佛即申右手摩行者頂，一切化佛亦申右手摩行者頂。得此觀者，名佛現前三昧，亦名念佛三昧，亦名觀佛色身三昧。爾時諸佛異口同音，各各皆為行者說法，雖未得道，見佛聞法總持不失，此名凡夫念佛三昧。得此三昧者，剎那剎那頃恒見諸佛，於念念頃聞佛說法，所謂大乘方等經典，一日一夜即得通利。父母生身惱濁惡世，以念佛故，得聞總持，捨身他世，必得見佛，於諸佛所得千萬億旋陀羅尼。得陀羅尼已，八十億佛各申右手摩行者頂，一一諸佛皆說決言：『汝念佛故，過星宿劫得成為佛，身相光明與我無異。』說是語已，八十億佛一時放光，光中復有無量化佛，一一化佛皆說是語。」

佛告阿難：「如是眾法名觀像法，若觀像時，自當更有無量百千諸勝境界。如是觀者，名為正觀；若異觀者，名為邪觀。」

佛說觀佛三昧海經卷第九

佛說觀佛三昧海經卷第十

東晉天竺三藏佛陀跋陀羅譯

念七佛品第十

佛告阿難：「若有衆生觀像心成，次當復觀過去七佛像。觀七佛者，當勤精進，晝夜六時勤行六法，端坐正受，當樂少語，除讀誦經廣演法教，終不宣說無義之語。常念諸佛心心相續，乃至無有一念之間不見佛時。心專精故，不離佛日。過去久遠有佛世尊名毘婆尸佛，身高顯長六十由旬，其佛圓光百二十由旬，身紫金色八萬四千相，一一相中八萬四千好，一一好中無數金光，一一光中有恒沙化佛，一一化佛有恒沙色光，一一光中無數諸天、聲聞、比丘、菩薩大衆以為侍者。人人各持一大寶華，華上皆有百千億寶摩尼網蓋，網蓋相次，高百千丈以為佛光。是時佛身益更明顯，如百千日照紫金山，光明蓋起化佛無數，一一化佛猶如百億日月俱出，令行者見。毘婆尸佛偏袒右肩，出金色臂，摩行者頂，告言：『法子！汝行觀佛三昧，得念佛心故，我來證汝。汝今可觀我真色身，從一一相次第觀之，汝當至心立金剛誓，我等先昔行佛道時，與汝無異。』

「爾時，毘婆尸佛慰行人已，即時化作大寶蓮華如須彌山，佛在華上結加趺坐，為於行者說念佛、念法，及說百億旋陀羅尼。行者見已，倍加歡喜，敬禮彼佛。彼佛告曰：『若有眾生聞我名者，禮拜我者，除却五百億劫生死之罪。汝今見我，消除諸障，得無量億旋陀羅尼，於未來世當得作佛。』」

佛告阿難：「爾時行者見毘婆尸佛，心歡喜故，我與六佛現其人前，上座毘婆尸為此法子說念佛三昧。尸棄世尊身長四十二由旬，身紫金色，圓光四十五由旬，通身光明一百由旬。其光網中無數化佛，及諸菩薩聲聞大眾，諸天眷屬以為圍遶，隨從佛後，右旋宛轉。是時行者見尸棄佛，復更增益無量百千陀羅尼門，復更增廣得見百千無數化佛，於未來世過算數劫，於其中間恒得值遇諸佛世尊，生菩薩家。」說是語時，復有無數百千天子，聞是事已，見佛色身端嚴微妙，同時皆發三菩提心。

「毘舍世尊舉身放光，住行者前，其佛身長三十二由旬，圓光四十二由旬，通身光六十二由旬，身紫金色，光明威相如前無異。見此佛已，復更增進諸陀羅尼三昧門，於未來世必定不疑，生諸佛家。

「拘留孫佛亦放光明住行者前，其佛身長二十五由旬，圓光三十二由旬，通身光五十由旬，相好具足如紫金山。見此佛者，常生淨國，不處胞胎，臨命終時，諸佛世尊必來迎接。

「拘那含牟尼佛放大光明住行者前，其佛身長二十由旬，圓光三十由旬，舉身光長四十由旬，光相具足。見此佛者，即得百億諸三昧門無數陀羅尼，若出定時，常得諸佛現前三昧。如此三昧證明行者，所以名諸佛現前三昧者，得此三昧，出定入定行住坐臥，恒得覩見一切諸佛，以妙色身現其人前。

「迦葉世尊放大光明住其人前。佛長十六丈，身紫金色相好具足。見此佛者，得寂滅光無言相三昧，於未來世恒住大空三昧海中。

「釋迦牟尼佛身長丈六，放紫金光住行者前。彌勒世尊身長十六丈，如是諸佛各入普現色身三昧，現其人前，令其行者心得歡喜，以歡喜故，是諸化佛各申右手摩行者頂。見七佛已，見於彌勒，見彌勒已，賢劫菩薩一一次第逮及樓至，各放光明住行者前。時千菩薩各各讚歎念佛三昧，及為行者說諸菩薩性，說諸菩薩解脫，說諸菩薩慧，是名因觀像心得念佛三昧。」

佛告阿難：「佛滅度後，佛諸弟子如是觀者，是名正觀；若異觀者，名為邪觀。修此三昧者，雖具煩惱，不為煩惱之所使也。以是念佛三昧力故，十方諸佛放大光明現其人前，光明無比，三界特尊。」

佛說是語已，時梵天王復更勸請：「願佛世尊說十方佛住行者前光明色相。」

念十方佛品第十一

佛告阿難：「云何行者觀十方佛？觀十方佛者，東方為始，東方有世界，國名寶安隱，無量億寶，有億千色以用合成。佛號善德，亦放無數光普照百千國，亦與無數億分身諸化佛住於行者前，身色如金山端嚴甚無比。坐大金剛窟，無數雜寶光莊嚴為堂閣，一一堂閣前無量微塵數百億諸寶樹，一一寶樹下八萬四千師子座，一一師子座有一分身佛，結加趺坐三昧坐於寶樹下。善德佛世尊身長二百五十億那由他由旬，一一身毛孔無數億微塵一切勝相好，一一相好中有無數化佛，一一化佛高顯巍巍如須彌山，放大光明坐寶蓮華，住虛空中。分身諸佛各各開現微妙光明，顯出無數百千化佛，一一化佛坐寶蓮華，一一蓮華有千幢幡，一一幢幡演出百億微妙音聲。是諸聲中，教觀十方無數佛身。此相現時，見十方界猶如金剛，百億寶色不滅不壞。見此相已，於諸佛前受法王子位，如是境界名性地菩薩。

「南方栴檀德佛身相高顯，其佛國土琉璃為地恒沙寶色，於佛光中亦有無數百千堂閣，寶樹行列敷師子座，座上諸佛結加趺坐，寶幢幡蓋說法音聲，如佛海三昧說。

「西方無量明佛，國土清淨黃金為地，五百億寶色佛身光明，重閣講堂，寶樹行列，寶師子座，分身諸佛結加趺坐，坐寶樹下，寶幢幡中亦說念佛海。

「北方相德佛，其地頗梨色，有五百億寶光，寶樹行列，寶師子座，重閣講堂，幢幡光明，與*彼無異。

「東南方無憂德佛，其地七寶色，一一色上有七百億雜色，寶樹行列，重閣光明百億萬種，一一光明說佛功德海，如佛海說。

「西南方寶施佛，其地五寶色，一一寶上五百億光明，一一光明化為五百億蓮華雲，一一蓮華雲上有百億重閣，一一重閣如百千萬億梵王宮，一一梵王宮中無數床座，光明蓮華所共合成。是諸座上有諸分身佛結加趺坐，演說諸佛大慈悲法，光明*洞然*亦說佛海。

「西北方華德佛，其佛國土琉璃頗梨色，一一色上有無數百千光，一一光化為五百億寶窟，一一窟中無數寶蓋，一一蓋中百億光明，一一光中無數分身佛結加趺坐，放大光明。其光明中說念佛三昧，因念佛三昧中，復更得見無數諸佛。

「東北方三乘行佛，其佛國土純白銀色，百億萬光，光有千色，莊嚴國界極令清淨，分身化佛寶樹幢幡，行列莊嚴數不可知。

「上方廣衆德佛，其地五百億寶色，一一寶色無數光明，一一光明化為無數百億化佛，一一佛光中無量寶樹行列莊嚴，一一樹下百億寶師子座，諸佛在上結加趺坐，無數菩薩以為侍者，一切大衆皆悉住佛光明雲中。

「下方明德佛，其地金色，金光金雲，於光雲中無數金堂七寶樓閣，百寶行樹羅列莊嚴，寶幢幡蓋數億千萬，一一樹下百億寶座諸堂樓閣，無數坐具狀如寶華。無數分身一切諸佛坐寶樹下琉璃座上，衆華色間無數佛會，是諸世尊皆悉講說菩薩行法。如是十方無數化佛，一一化佛顯現光明。時十方佛各各悉坐金剛窟中，身量光明如善德佛及諸化佛，威神國土，令行者見，如於明鏡自見面像，了了分明見十方佛。心歡喜故，不染諸法，住於初心。時十方佛廣為行者，各說相似六波羅蜜。聞是法已，於初地下十心境界無有疑慮。見此事者，必聞諸佛說般若波羅蜜，聞第一義空心不驚疑，於諸法中得入空三昧，是名相似空相三昧。」

佛告阿難：「佛滅度後，佛諸弟子欲觀十方佛者，於念佛三昧中但知麁相，當自然知無量妙相。如是觀者，是名正觀；若異觀者，名為邪觀。得此觀者，見佛無數不可限量。入此定者，名見一切諸佛色身，亦得漸漸入三空門。遊此空者，諸佛力故，心不著空，於未來世當成阿耨多羅三藐三菩提，得不退轉，是名不忘菩提之心正順佛道。」

說觀十方佛時，十方佛坐金剛山百寶窟中，各申右手摩阿難頂告言：「法子！汝持佛語，為未來世諸眾生等，當廣宣說，慎勿妄傳，當為堅發三菩提心，行念佛定正受者說。」

佛告阿難：「此念佛三昧若成就者，有五因緣。何等為五？一者、持戒不犯，二者、不起邪見，三者、不生憍慢，四者、不恚不嫉，五者、勇猛精進如救頭然。行此五事，正念諸佛微妙色身，令心不退，亦當讀誦大乘經典，以此功德念佛力故，疾疾得見無量諸佛。見諸佛者，獨一心淨不與他共，應當供養十方諸佛。云何供養？是人出定入塔見像念持經時，若禮一佛當作是念：『正遍知諸佛心智無有限礙，我今禮一佛，即禮一切佛，若思惟一佛，即見一切佛，見一一佛前有一行者，接足為禮皆是己身。』若以一華供養佛時，當作是念：『諸佛法身功德無量，不住不壞，湛然常安。我今以華奉獻諸佛，願佛受之。』作是念已，復當起想：『我所執華從草木生，持此供養，可用擬想。』即當作想身諸毛孔，令一毛孔出無數華雲，以此華雲運想擬意供一切佛，一一佛上化成華臺，諸佛受之。於十方界施作佛事，供養香時，亦復如是。香烟香雲於十方界施作佛事，作佛事已，還成金臺在行者前。若凡夫人欲供養者，手擎香爐，執華供養，亦當起意作華香想。當發是願：『願此華香滿十方界，供養一切佛、化佛并菩薩、無數聲聞眾，受此香華雲以為光明臺，廣於無邊界無*量作佛事。』禮佛，若坐禪起是供養心，常當發是願：『⊙願繒蓋、幢幡、音樂、偈頌當作是願：我今設此少分供具，願此供具遍供十方一切諸佛。諸佛受之，於幢幡中化光明雲，於妓樂中偈頌之中演妙法音。』作是願已，坐時應想，令身毛孔一一孔中，作無量幢幡想，一一幢幡中，作無量偈頌雲想。作是想時，心如香爐，流出金色香烟香雲，身毛孔中如好華樹，踊出阿僧祇無量雜華雲。是諸華雲於十方界諸佛之上，化為一切諸供養具。爾時當於身心分中，起一切供養具想，若得食飲，若施人一錢，當起空無我想檀波羅蜜。如是等無量供養，皆當起心從心想出，供養十方一切諸佛，是名坐時無量功德從心想海生。如是坐時，入深禪定無量境界諸三昧海，但於心中出息入息，念念想想，相續不絕。於一心中運其心意，作無數供具雲，上供諸佛，下施一切。作是念者，名學普施。此想成時，漸漸減消諸煩惱結，觀法無相無相力故，當得甚深六波羅蜜。」

觀佛密行品第十二

佛告阿難：「未來衆生其有得是念佛三昧者，觀諸佛相好者，得諸佛現前三昧者，當教是人密身口意，莫起邪命，莫生貢高。若起邪命及貢高法，當知此人是增上慢破滅佛法，多使衆生起不善心，亂和合僧，顯異惑衆，是惡魔伴。如是惡人，雖復念佛，失甘露味。此人生處，以貢高故，身恒卑小，生下賤家，貧窮諸衰，無量惡業以為嚴飾。如此種種眾多惡事。當自防護，令永不生。若起如是邪命業者，此邪命業，猶如狂象壞蓮華池，此邪命業亦復如是，壞敗善根。」

佛告阿難：「有念佛者，當自防護，勿令放逸。念佛三昧人，若不防護生貢高者，邪命惡風吹憍慢火，燒滅善法。善法者，所謂一切無量禪定，諸念佛法從諸心想生，是名功德藏。」

佛告阿難：「譬如長者多財饒寶，唯有一子，長者自知將死不久，以諸庫藏委付其子。其子得已，隨意遊戲。忽於一時值有王難，無量眾賊從四面來，競取藏物不能遮護。惟有一金乃是閻浮檀那紫金，重十六兩，金挺長短亦十六寸，此金一兩價直餘寶百千萬兩。為賊所逼，無奈金何，即以穢物纏裹真金，置泥團中。眾賊見已，不識是金，腳踐而去。賊去之後，財主得金，心大歡喜，念佛三昧亦復如是，當密藏之。

「復次，阿難！譬如有人貧窮薄福，依諸豪賢以存性命。時有王子，遇行出遊執大寶瓶，於寶瓶內藏王印綬。是時貧者詐來親附，得王寶瓶，擎持逃走。王子覺已，*遣六大兵乘六黑象，手執利劍，疾往追之。時持瓶人走入深草空野澤中，見曠野澤滿中毒蛇，四面吐毒，吸持瓶者。時貧窮人慞惶驚怖，馳走東西，蛇亦隨之，無藏避處。於空澤中見一大樹，蓊蔚扶疎，甚適其意。頭戴寶瓶，攀樹而上。既上樹已，六兵乘象，*馳疾如風，尋復來至。貧人見已，吞王寶印，持瓶冠頭，以手覆面，坐貪惜故，不忍見之。時六黑象以鼻絞樹令樹倒躄，貧人落地，身體散壞，唯金印在寶瓶現光，諸蛇見光，四散馳走。」

佛告阿難：「住念佛者，心印不壞，亦復如是。

「復次，阿難！譬如長者多饒財寶，無諸子息，唯有一女。是時長者年過百歲，自知朽邁，將死不久。『我此財寶無男兒故，財應屬王。』作是思惟，喚其女子，密告之言：『今有妙寶，寶中上者，當用遺汝，汝得此寶密藏令堅，莫令王知。』女受父勅，持摩尼珠及諸珍寶藏之糞穢，室家大小皆亦不知。值世飢饉，女夫告妻：『我家貧窮，困於衣食，汝可他行求自活處。』妻白夫言：『我父長者臨命終時，以寶賜我，今在某處，君可取之。』時夫掘取，大獲珍寶并如意珠，持如意珠，燒香禮拜，先發願言：『為我雨食。』隨語即雨百味飲食，如是種種隨意得寶。時夫得已，告其妻言：『卿如天女，能賜我寶。汝藏此寶，我尚不知，況復他人？』」

佛告阿難：「念佛三昧堅心不動，亦復如是。

「復次，阿難！譬如有王暴虐違道，民罹其毒，人怨神怒。國大亢旱，求請神祇，不能得雨。有臣白言：『大王！當知今此境內林藪之中，有一仙士五通無礙，王可祈請，令其呪龍。』大王聞已，欣踊無量，遣人詣林祈請仙人。神仙飛往大王殿前，高聲唱言：『大王無道！諸天龍神皆四散去，不護王國，云何使我令請雨也？』王聞此語，極懷慚愧，改悔先行所作惡事。仙人知王心已軟善，應念誦呪，神通力故，天降甘露，地出湧泉，潤澤一切。」

佛告阿難：「欲念佛者，如王棄惡，得念佛者，如善呪人。

「復次，阿難！譬如力士自恃大力，數犯王法，王遣五人收捕力士，幽閉囹圄，五處枷鎖極令牢固。奮力大怒，舉體血現，枷鎖摧折，踰牆逃逝，到海岸邊，解髻明珠，持雇船師，船師語言：『如此白石，海中無數，我用是為？』力士長跪，白船師言：『我此明珠有六種色，即以黃繒裹珠置之水中，水即金色；復還收珠以白繒裹置之水中，水即變白；收取復以綠繒裹置之水中，水色變作綠琉璃色；收取以碧繒裹置之水中，水即變作真金精色；收取復以絳繒裹置之水中，水即變作車渠色；收取復以紫繒裹置之水中，水即變成天金剛色，水上復有紫摩尼光。』船師見已，即取寶珠以大寶輿，輿勇猛士置大船上，望風舉帆，疾如射箭，到於彼岸，到彼岸已，心意泰然，安隱無懼，大取珍寶報船師恩。」

佛告阿難：「行念佛者，如大力士，拋心王枷鎖到慧彼岸。

「復次，阿難！譬如劫欲盡時，二日竝出，山林、樹木、河池枯涸；三日出時，衆色火起，四日出時，大海消減，三分留一；五日出時，大海竭盡；六日出時，須彌崩倒；七日出時，大地炯然，乃至色界。唯金剛山不可摧破，還住本際，念佛三昧亦復如是。行是定者，住過去佛實際海中。」

佛告阿難：「吾今欲與十方諸佛報念佛三昧恩。」

爾時，世尊說是語已，及十方諸佛賢劫菩薩，入一切色身光明三昧。時諸佛身一一毛孔，踊出眾多不可稱數◎微妙化佛雲。是諸化佛結加趺坐，住立空中。如是無數一切化佛，各申右手，摩阿難頂，及勅釋提桓因：「汝等二人持是妙法慎莫忘失，為未來世濁惡眾生，滅眾罪障故，如來正遍知今於大眾中說一切佛身相。」

爾時，尊者阿難即從座起，頂禮佛足，白佛言：「世尊！當何名此經？此法之要當云何持？」

佛告阿難：「此經名繫想不動，如是受持。亦名觀佛白毫相，如是受持。亦名逆順觀如來身分，亦名一一毛孔分別如來身分，亦名觀三十二相八十隨形好諸智慧光明，亦名觀佛三昧海，亦名念佛三昧門，亦名諸佛妙華莊嚴色身，亦名說戒、定、慧、解脫、解脫知見、十力、四無所畏、十八不共法果報所得微妙色身經。汝好受持，慎勿忘失。」

佛說是語時，比丘、比丘尼、優婆塞、優婆夷，及菩薩大衆，天龍八部一切鬼神，聞佛說是微妙身相，有得須陀洹、斯陀含、阿那含，有得阿羅漢者，有種辟支佛道因緣者，有發阿耨多羅三藐三菩提心者，有得無生法忍者，數甚衆多不可稱說。時諸大衆聞佛說法，恭敬頂禮，奉行佛語，作禮求退。

是時阿難即從座起，合掌長跪白言：「世尊！如來今者一切身相皆已說竟，唯不顯說無見頂相。唯願天尊少說頂相光明瑞應，令未來世凡愚衆生知佛勝相。」

爾時，世尊即入頂三昧海，令佛頂上肉髻之中，一一毛孔踊出琉璃光，其光如水盠文右旋，遍滿十方無數世界，如百億世界微塵數海。如是八萬四千諸毛髮中，皆出是水相，一一水相復過是百千萬倍數不可知。是諸琉璃水上，生衆多天寶蓮華，華有無數百千億葉，葉作無數百千億寶色，葉極小者遍覆三千大千世界。如是華上一一鬚間，有無量阿僧祇百千萬億恒河沙化佛，一一化佛頂肉髻相，流出衆光亦復如是。時諸佛身，量同虛空，不可得知。如是諸佛，佛佛相次，盡世界海際。此相現時，於十方面各有百億微塵數菩薩，身昇虛空，現大神變，至釋迦牟尼佛所。時諸菩薩以佛神力故，暫見一毛孔中少分瑞相，應時即得無量百千金剛相陀羅尼。佛現是相時，賢劫千菩薩及十方諸佛皆現此相。時會大眾見此少分相者，須陀洹人如剎那頃成阿羅漢；觀因緣者，不緣諸緣成阿羅漢，發心菩薩超越境界，增進甚深三昧海門，住於性地；無生菩薩倍加增進無量勝法，住首楞嚴三昧。

佛告阿難：「佛滅度後，濁惡世中，若有眾生聞佛勝相，心不驚疑，不生怖畏，當知是人能滅一切煩惱業障。聞佛勝相生隨喜者，除卻千億劫極重惡業，後世生處，不落三塗，不生八難處。」

佛說是語時，長老憍陳如等諸大比丘，彌勒等諸大菩薩，無量大眾聞佛所說，皆大歡喜，頂戴奉行。

佛說觀佛三昧海經卷第十

南無護法韋馱尊天菩薩

全佛文化圖書出版目錄

佛教小百科系列

書名	價格	書名	價格
□ 佛菩薩的圖像解說1-總論•佛部	320	□ 佛教的塔婆	290
□ 佛菩薩的圖像解說2-菩薩部•觀音部•明王部	280	□ 中國的佛塔-上	240
		□ 中國的佛塔-下	240
□ 密教曼荼羅圖典1-總論•別尊•西藏	240	□ 西藏著名的寺院與佛塔	330
		□ 佛教的動物-上	220
□ 密教曼荼羅圖典2-胎藏界上	300	□ 佛教的動物-下	220
□ 密教曼荼羅圖典2-胎藏界中	350	□ 佛教的植物-上	220
□ 密教曼荼羅圖典2-胎藏界下	420	□ 佛教的植物-下	220
□ 密教曼荼羅圖典3-金剛界上	260	□ 佛教的蓮花	260
□ 密教曼荼羅圖典3-金剛界下	260	□ 佛教的香與香器	280
□ 佛教的真言咒語	330	□ 佛教的神通	290
□ 天龍八部	350	□ 神通的原理與修持	280
□ 觀音寶典	320	□ 神通感應錄	250
□ 財寶本尊與財神	350	□ 佛教的念珠	220
□ 消災增福本尊	320	□ 佛教的宗派	295
□ 長壽延命本尊	280	□ 佛教的重要經典	290
□ 智慧才辯本尊	290	□ 佛教的重要名詞解說	380
□ 令具威德懷愛本尊	280	□ 佛教的節慶	260
□ 佛教的手印	290	□ 佛教的護法神	320
□ 密教的修法手印-上	350	□ 佛教的宇宙觀	260
□ 密教的修法手印-下	390	□ 佛教的精靈鬼怪	280
□ 簡易學梵字(基礎篇)-附CD	250	□ 密宗重要名詞解說	290
□ 簡易學梵字(進階篇)-附CD	300	□ 禪宗的重要名詞解說-上	360
□ 佛教的法器	290	□ 禪宗的重要名詞解說-下	290
□ 佛教的持物	330	□ 佛教的聖地-印度篇	200

佛菩薩經典系列

書名	價格	書名	價格
□ 阿彌陀佛經典	350	□ 地藏菩薩經典	260
□ 藥師佛•阿閦佛經典	220	□ 彌勒菩薩•常啼菩薩經典	250
□ 普賢菩薩經典	180	□ 維摩詰菩薩經典	250
□ 文殊菩薩經典	260	□ 虛空藏菩薩經典	350
□ 觀音菩薩經典	220	□ 無盡意菩薩•無所有菩薩經典	260

佛法常行經典系列

書名	價格	書名	價格
□ 妙法蓮華經	260	□ 大乘本生心地觀經•勝鬘經•如來藏經	200
□ 悲華經	260		

☐ 小品般若波羅密經 220
☐ 金光明經•金光明最勝王經 280
☐ 楞伽經•入楞伽經 360
☐ 楞嚴經 200
☐ 解深密經•大乘密嚴經 200
☐ 大日經 220
☐ 金剛頂經•金剛頂瑜伽念誦經 200

三昧禪法經典系列

☐ 念佛三昧經典 260
☐ 般舟三昧經典 220
☐ 觀佛三昧經典 220
☐ 如幻三昧經典 250
☐ 月燈三昧經典(三昧王經典) 260
☐ 寶如來三昧經典 250
☐ 如來智印三昧經典 180
☐ 法華三昧經典 260
☐ 坐禪三昧經典 250
☐ 修行道地經典 250

修行道地經典系列

☐ 大方廣佛華嚴經(10冊) 1600
☐ 長阿含經(4冊) 600
☐ 增一阿含經(7冊) 1050
☐ 中阿含經(8冊) 1200
☐ 雜阿含經(8冊) 1200

佛經修持法系列

☐ 如何修持心經 200
☐ 如何修持金剛經 260
☐ 如何修持阿彌陀經 200
☐ 如何修持藥師經-附CD 280
☐ 如何修持大悲心陀羅尼經 220
☐ 如何修持阿閦佛國經 200
☐ 如何修持華嚴經 290
☐ 如何修持圓覺經 220
☐ 如何修持法華經 220
☐ 如何修持楞嚴經 220

守護佛菩薩系列

☐ 釋迦牟尼佛-人間守護主 240
☐ 阿彌陀佛-平安吉祥 240
☐ 藥師佛-消災延壽(附CD) 260
☐ 大日如來-密教之主 250
☐ 觀音菩薩-大悲守護主(附CD) 280
☐ 文殊菩薩-智慧之主(附CD) 280
☐ 普賢菩薩-廣大行願守護主 250
☐ 地藏菩薩-大願守護主 250
☐ 彌勒菩薩-慈心喜樂守護主 220
☐ 大勢至菩薩-大力守護主 220
☐ 準提菩薩-滿願守護主(附CD) 260
☐ 不動明王-除障守護主 220
☐ 虛空藏菩薩-福德大智守護(附CD) 260
☐ 毘沙門天王-護世財寶之主(附CD) 280

輕鬆學佛法系列

☐ 遇見佛陀-影響百億人的生命導師 200
☐ 如何成為佛陀的學生-皈依與受戒 200
☐ 佛陀的第一堂課-四聖諦與八正道 200
☐ 業力與因果-佛陀教你如何掌握自己的命運 220

洪老師禪座教室系列

- ☐ 靜坐-長春.長樂.長效的人生 200
- ☐ 放鬆(附CD) 250
- ☐ 妙定功-超越身心最佳功法(附CD) 260
- ☐ 妙定功VCD 295
- ☐ 睡夢-輕鬆入眠•夢中自在(附CD) 240
- ☐ 沒有敵者-強化身心免疫力的修鍊法(附CD) 280
- ☐ 夢瑜伽-夢中作主.夢中變身 260
- ☐ 如何培養定力-集中心靈的能量 200

禪生活系列

- ☐ 坐禪的原理與方法-坐禪之道 280
- ☐ 以禪養生-呼吸健康法 200
- ☐ 內觀禪法-生活中的禪道 290
- ☐ 禪宗的傳承與參禪方法-禪的世界 260
- ☐ 禪的開悟境界-禪心與禪機 240
- ☐ 禪宗奇才的千古絕唱-永嘉禪師的頓悟 260
- ☐ 禪師的生死藝術-生死禪 240
- ☐ 禪師的開悟故事-開悟禪 260
- ☐ 女禪師的開悟故事(上)-女人禪 220
- ☐ 女禪師的開悟故事(下)-女人禪 260
- ☐ 以禪療心-十六種禪心療法 260

佛家經論導讀叢書系列

- ☐ 雜阿含經導讀-修訂版 450
- ☐ 異部宗論導讀 240
- ☐ 大乘成業論導讀 240
- ☐ 解深密經導讀 320
- ☐ 阿彌陀經導讀 320
- ☐ 唯識三十頌導讀-修訂版 520
- ☐ 唯識二十論導讀 300
- ☐ 小品般若經論對讀-上 400
- ☐ 小品般若經論對讀-下 420
- ☐ 金剛經導讀 220
- ☐ 心經導讀 160
- ☐ 中論導讀-上 420
- ☐ 中論導讀-下 380
- ☐ 楞伽經導讀 400
- ☐ 法華經導讀-上 220
- ☐ 法華經導讀-下 240
- ☐ 十地經導讀 350
- ☐ 大般涅槃經導讀-上 280
- ☐ 大般涅槃經導讀-下 280
- ☐ 維摩詰經導讀 220
- ☐ 菩提道次第略論導讀 450
- ☐ 密續部總建立廣釋 280
- ☐ 四法寶鬘導讀 200
- ☐ 因明入正理論導讀-上 240
- ☐ 因明入正理論導讀-下 200

談錫永作品系列

- ☐ 閒話密宗 200
- ☐ 西藏密宗占卜法-妙吉祥占卜法（組合） 580
- ☐ 細說輪迴生死書-上 200
- ☐ 細說輪迴生死書-下 200
- ☐ 西藏密宗百問-修訂版 210
- ☐ 觀世音與大悲咒-修訂版 190
- ☐ 佛家名相 220
- ☐ 密宗名相 220
- ☐ 佛家宗派 220
- ☐ 佛家經論-見修法鬘 180
- ☐ 生與死的禪法 260
- ☐ 細說如來藏 280
- ☐ 如來藏三談 300

大中觀系列

- ☐ 四重緣起深般若-增訂版 420
- ☐ 心經內義與究竟義-印度四大論師釋《心經》 350
- ☐ 聖入無分別總持經對堪及研究 390
- ☐ 《入楞伽經》梵本新譯 320
- ☐ 《寶性論》梵本新譯 320
- ☐ 如來藏論集 330
- ☐ 如來藏二諦見 360
- ☐ 《聖妙吉祥真實名經》梵本校譯 390
- ☐ 《聖妙吉祥真實名經》釋論三種 390
- ☐ 《辨中邊論釋》校疏 400

甯瑪派叢書-見部系列

- ☐ 九乘次第論集-佛家各部見修差別 380
- ☐ 甯瑪派四部宗義釋 480
- ☐ 辨法法性論及釋論兩種 480
- ☐ 決定寶燈 480
- ☐ 無修佛道-現證自性大圓滿本來面目教授 360
- ☐ 幻化網秘密藏續釋-光明藏 560
- ☐ 善說顯現喜宴-甯瑪派大圓滿教法 650

甯瑪派叢書-修部系列

- ☐ 大圓滿心性休息導引 395
- ☐ 大圓滿前行及讚頌 380
- ☐ 幻化網秘密藏續 480
- ☐ 六中有自解脫導引 520

離言叢書系列

- ☐ 解深密經密意 390
- ☐ 如來藏經密意 300
- ☐ 文殊師利二經密意 420
- ☐ 無邊莊嚴會密意 190
- ☐ 勝鬘師子吼經密意 340
- ☐ 龍樹二論密意 260

蓮花生大士全傳系列

- ☐ 蓮花王 320
- ☐ 師子吼聲 320
- ☐ 桑耶大師 320
- ☐ 廣大圓滿 320
- ☐ 無死虹身 320
- ☐ 蓮花生大士祈請文集 280

密乘寶海系列

- ☐ 現觀中脈實相成就-開啟中脈實修秘法 290
- ☐ 智慧成就拙火瑜伽 330
- ☐ 蓮師大圓滿教授講記-藏密寧瑪派最高解脫法門 220
- ☐ 密宗修行要旨-總攝密法的根本要義 430
- ☐ 密宗成佛心要-今生即身成佛的必備書 240
- ☐ 無死-超越生與死的無死瑜伽 200

□ 密宗的源流- 密法內在傳承的密意	240	□ 孔雀明王行法-摧伏毒害煩惱	260
□ 恆河大手印- 傾瓶之灌的帝洛巴恆河大手印	240	□ 月輪觀 • 阿字觀- 密教觀想法的重要基礎	350
□ 岡波巴大手印- 大手印導引顯明本體四瑜伽	390	□ 穢積金剛-滅除一切不淨障礙	290
□ 大白傘蓋佛母- 息災護佑行法(附CD)	295	□ 五輪塔觀- 密教建立佛身的根本大法	290
		□ 密法總持-密意成就金法總集	650

光明導引系列

□ 阿彌陀經臨終光明導引- 臨終救度法	350	□ 送行者之歌(附國台語雙CD)	480

禪觀寶海系列

□ 禪觀秘要	1200	□ 首楞嚴三昧- 降伏諸魔的大悲勇健三昧	420

高階禪觀系列

□ 通明禪禪觀- 迅速開啟六種神通的禪法	200	□ 三三昧禪觀- 證入空、無相、無願三解脫門的禪法	260
□ 十種遍一切處禪觀- 調練心念出生廣大威力的禪法	280	□ 大悲如幻三昧禪觀- 修行一切菩薩三昧的根本	380
□ 四諦十六行禪觀- 佛陀初轉法輪的殊勝法門	350	□ 圓覺經二十五輪三昧禪觀- 二十五種如來圓覺境界的禪法	400

全套購書85折、單冊購書9折

(郵購請加掛號郵資60元)

全佛文化事業有限公司
新北市新店區民權路95號4樓之1
Buddhall Cultural Enterprise Co.,Ltd.
TEL:886-2-2913-2199
FAX:886-2-2913-3693
匯款帳號：3199717004240
合作金庫銀行大坪林分行
戶名：全佛文化事業有限公司

其他系列

□ 入佛之門- 佛法在現代的應用智慧	350
□ 如觀自在- 千手觀音與大悲咒的實修心要	650
□ 神通-佛教神通學大觀	590
□ 仁波切我有問題- 一本關於空的見地、禪修與問答集	240
□ 認識日本佛教	360
□ 普賢法身之旅- 2004美東弘法紀行	450
□ 萬法唯心造-金剛經筆記	230

三昧禪法經典系列 3

《觀佛三昧海經典》

主　　編　全佛編輯部
出　　版　全佛文化事業有限公司
永久信箱：台北郵政26-341號信箱
訂購專線：（02）2913-2199
傳真專線：（02）2913-3693
發行專線：（02）2219-0898
匯款帳號：3199717004240 合作金庫銀行大坪林分行
戶名：全佛文化事業有限公司
E-mail：buddhall@ms7.hinet.net
http://www.buddhall.com
門　　市　新北市新店區民權路95號4樓之1（江陵金融大樓）
門市專線：（02）2219-8189
行銷代理　紅螞蟻圖書有限公司
台北市內湖區舊宗路二段121巷19號（紅螞蟻資訊大樓）
電話：（02）2795-3656
傳真：（02）2795-4100
一九九六年三月　初版
二〇一四年九月　初版二刷
定價　新台幣二二〇元
ISBN　978-957-9462-28-0（平裝）

國家圖書館出版品預行編目資料

觀佛三昧海經典 / 全佛編輯部主編.
-- 初版. --　臺北市：全佛文化, 1996
面；公分. －(三昧禪法經典系列；3)

ISBN 978-957-9462-28-0(平裝)

1.方等部
221.38　　85001649

Published by BuddhAll Cultural Enterprise Co.,Ltd.